本书为浙江省哲学社会科学规划青年课题"艺术授权下浙江博物馆文创产品开发体系研究"(20NDQN322YB)、浙江省基础公益研究计划"'社会创新'视域下博物馆文创设计治理研究"(LGF22G030015)的研究成果之一。

设计治理

治理视域下的博物馆文创
及其治理工具设计

程 辉 著

ZHEJIANG UNIVERSITY PRESS
浙江大学出版社
·杭州·

图书在版编目（CIP）数据

设计治理：治理视域下的博物馆文创及其治理工具
设计 / 程辉著. -- 杭州 ： 浙江大学出版社， 2023.6
（2024.3重印）
ISBN 978-7-308-23715-4

Ⅰ. ①设… Ⅱ. ①程… Ⅲ. ①博物馆－文化产品－产
业发展－研究－中国 Ⅳ. ①G269.23

中国国家版本馆CIP数据核字(2023)第071807号

设计治理：治理视域下的博物馆文创及其治理工具设计

程 辉 著

策划编辑	吴伟伟	
责任编辑	宁 檬	
责任校对	陈逸行	
封面设计	周 灵	
出版发行	浙江大学出版社	
	（杭州市天目山路148号 邮政编码 310007）	
	（网址：http://www.zjupress.com）	
排 版	杭州林智广告有限公司	
印 刷	广东虎彩云印刷有限公司绍兴分公司	
开 本	710mm×1000mm 1/16	
印 张	12.25	
字 数	205千	
版 印 次	2023年6月第1版 2024年3月第2次印刷	
书 号	ISBN 978-7-308-23715-4	
定 价	68.00元	

序

一

2023 年，五一小长假期间"淄博烧烤"火遍全网。从设计学的视角看，淄博烧烤是一种真正意义上的设计力量，一种充满生机、回归人本身的生命设计，一种"活人"的设计——真正的生活设计，由此，我提出"活人"设计学（ designology of the live creature ）概念。

什么是"活人"呢？依据《汉语大词典》，"活人"有两种基本内涵：一是使人活；救活他人。二是有生命的人。这两种内涵都突出强调人的基本性质——生存性和生命性。生存性强调人的生理性、个体性、独特性的存在方式，是人的自然机体持续运动与发展的表现形式。生命性则突出了人的社会性、价值性、超越性的存在方式，是人的社会性机体——人类生活世界建构的核心价值追求。生存性是基础，生命性是特质，两者一致。"活人"是一个基于生存性、充满生命性的连续性的整体生活世界——人的真实世界。从"活人"开始的设计，应该是"设计"的根本，也是当下"社会设计""服务设计"等领域的根本。"活人"设计更是一种设计治理——对人类生活社会创新、优化的追求。

"活人"设计概念的提出与美国思想家杜威有关。杜威曾在《艺术即经验》一书中讨论了"活人"问题。众所周知，杜威是 20 世纪最重要的思想家之一，《艺术即经验》是体现其所建构的美学体系的核心文本。杜威所建构的美学体系乃至整个思想体系源于他创造的一个基本概念——the live creature。《艺术即经验》

第一章就讨论了这个概念，可见杜威非常重视这个概念。中译本一般将其译为"活的生物""活的生灵"。实际上，在中国话语体系中，"人"不仅指有别于一般动物的具有社会创造价值的生物，也泛指一切有利于社会、服务于人类的事和物，即"人事"。此外，在英语中，creature 不仅指动植物，也指人及人事等。由此，我觉得译为"活人"更合理，也更符合杜威的思想，体现了他努力克服本体与现象、主体与客体、物质与精神、艺术与非艺术、自然与社会、理论与日常生活等的二元对立，追求和强调人的动物性与人性之间的连续性、自然与社会之间的连续性、艺术经验与日常经验之间的连续性、艺术与技术之间的连续性等以人为根本的一元论。他说："第一个要考虑的是，生命是在一个环境中进行的；不仅仅是在其中，而且是由于它，并与它相互作用。生物的生命活动并不只是以它的皮肤为界；它皮下的器官是与处于它身体之外的东西联系的手段，并且，它为了生存，要通过调节、防卫以及征服来使自身适应这些外在的东西。在任何时刻，活的生物都面临来自周围环境的危险，同时在任何时刻，它又必须从周围环境中吸取某物来满足自己的需要。一个生命体的经历与宿命就注定是要与其周围的环境，不是以外在的，而是以最为内在的方式做交换。"①

所谓"活人"设计学，是指一种真正意义上体现人的本质的设计学。"活人"设计学，首先，是一种"使人活着"的设计学，而非物性化的设计学，也不是一种超越人性的抽象的设计学，是一种充满生机的生存性的设计学。其次，是一种赋予世界以意义与价值的有整体生命力的设计学，一种使人类社会中人与自然、设计与环境、设计与生活、设计与文明、技术与生命、设计与人类福祉之间相统一的、人们一直追求的、具有生态文明发展前景的设计学。"活人"设计学的终极目标就是体现人的终极性价值。这是一种自然人性本体论设计学，而非观念人性本体设计学，也不只是以人为本的设计学。自然人性本体论设计学，突出强调人类的设计创造来源于自然，尊重自然，模仿自然，超越自然，创造

---

① 杜威. 艺术即经验 [M]. 高建平，译. 北京：商务印书馆，2005.

新自然，最终又回归自然。自然永远是人类设计创造的前提和诉求。由此，"活人"设计学实质上就是一种以设计治理为基础的追求人类福祉的设计学——一种真正使人充满生命活力的设计学。

很自然，设计治理逐渐成为人类设计行为理论和设计学体系建构的关键问题。我在 2019 年首次提出"设计治理"概念时，主要是从中国当代设计理论体系建构问题的逻辑与需求入手的。我认为当代设计学理论体系的建构是一项全新的事业，必须创造出大量基于国家发展、设计现实需求与人类未来发展趋势的新概念、新范畴，这样才能拥有属于新的设计学理论体系的新材料，才能真正实现设计学理论体系的全新构建，创建中国当代设计理论体系，一种有别于世界其他设计理论体系的新体系——第三种体系，为中国乃至人类的设计学事业做出积极贡献。

依据当代设计学体系建构的逻辑结构，设计治理属于当代设计学体系三大板块（元本设计学体系、实践设计学体系和社会设计学体系）中社会设计学体系的核心范畴。社会设计学体系（亦称为产业设计学体系）是指元本设计学体系和实践设计学体系的整合全面推进了人类生活世界的设计行为系统结构，体现了设计学理论体系（话语体系、学术体系、学科体系、技术体系、管理体系、行为体系等）与人类社会实践的充分融合与创新。

自然是美的、和谐的、完善的，不存在所谓"治理"问题，不需要人类的改造（人类的所谓改造自然大多在破坏自然）。因此，"美的艺术"体系建立时，建构人类美的标准时，所追求的目标或标准就是"美的自然"。全面认识自然、学习模仿自然、创造新的"自然"的启蒙时代，开启人类设计治理的伟大运动。作为人类人工性世界的创造，设计、艺术等一切人类行为及其作品（人造物），都具有不完善性、不完美性、不自然性等问题。这些问题源于人的不完善性和不完美性，时间和空间的局限性，人类生命的短暂性等各类主客观因素。因此人类的设计一直走在向善向美的路上，时刻需要"设计治理"的推进与展开。

工业革命以来，人类设计创新事业获得了突飞猛进的发展，人类获得了越来越强大的改造自然、创造人工世界的能力，人工物越来越多地占据了我们的生活世界，极大地改变了我们的生存与生活方式。特别是芒福德所谓的"巨大症"问题，包括巨大城市、巨型建筑、巨机器、巨技术等，人类越来越远离自然。人与人、人与自然、人与社会越来越陌生，人类越来越失去本应有的自然情愫和关爱。此次的"淄博烧烤"事件可谓是一种设计治理，回归人间烟火、回归诚信、回归自然人性、回归人性的城市生活。

设计治理属于国家治理体系的有机组成部分，是一种善治。这种善治是一种体系化思维引导下的展示人类全息性设计活动景观的治理。关于设计治理理论体系的基本结构与核心问题，我曾在《"设计治理"：概念、体系与战略 ——"社会设计学"基本问题研究论纲》一文中做过阐释。但对于设计治理理论体系的系统研究还有待于更多学者的努力。

本书展示了作者近年来对设计治理较为系统的思考与研究，是中国当代学者结合自身研究设计治理问题的一部重要著作。

是为序。

2023 年 5 月 3 日

于上海寓所

序

二

随着我国文化消费市场逐渐成熟壮大，"讲好中国故事"已成为我国对外宣传的主要任务之一。但在博物馆文创产业发展势头迅猛、对传统优秀文化的现代化转译提出更高要求的同时，博物馆文创产品却存在着同质化、创意不足、美观性与功能性无法兼顾等诸多问题，产业设计治理迫在眉睫。博物馆文创产品设计研究已发展多年，从早期旅游纪念品到城市礼品，再到近期的数字文创产品，设计学对这一领域的研究主要聚焦在设计方法、设计流程、设计实践等方面，还缺乏基于设计思维、兼顾宏观产业与微观产品的系统性思考。

在设计向非物质化转型的时代语境下，本书作者基于系统设计观认为博物馆文创应当主动参与文化治理活动，强调设计参与大众教育的社会治理功能，这一观点与创建博物馆的社会使命及初衷一致。为了更好地实现博物馆文创的社会治理功能，首先需要针对产业难题提出解决方案。作者结合卡莫纳的治理工具包，针对博物馆文创产业的特性，设计了多款治理工具。这里的设计已超越了传统的实物产品、数字产品，进入了"政策设计"领域，这一探究不仅在国内设计学界较为罕见，也为文创产品设计赋予了全新的意义。

本书进一步拓展与深化了"群智设计"概念。基于博物馆教育职能，文创产品能够成为推动公众进行文化创意、文化创新的载体，这正是"群智设计"概念的题中应有之义。如何对博物馆文创产品的群智设计成果进行客观评价是我们需要思考的内容之一，也是使"群智设计"理念落地的基础技术之一。其中，创意度、美学评价等是重要的研究内容，这些研究将在作者的博士学位论文中呈现。

本书作者是我在诺丁汉大学—浙江大学博士生联合培养博士生项目中的学生。他从事博物馆文创产品设计研究已逾 12 年，发表该主题论文 20 余篇，成功获批省部级课题 3 项，亦有多个博物馆文创产品设计方案实现商业转化，成果颇丰。本书是他对多年来博物馆文创产品设计研究的一次回顾与总结，也是他为设计学科描绘的博物馆文创研究的愿景与蓝图。青年学者应当积极开展科研工作，产出更多高水平论著。在此期盼他未来能够成为博物馆文创产品设计研究领域的领军者。

是为序。

罗仕鉴

2023 年 3 月 30 日

于浙江大学玉泉校区

前　言

在这个巨变的时代，设计的概念在悄然变化。受服务设计、社会创新等概念的影响，政策成为设计实践的新对象，"设计治理"（design governance）作为政策设计研究的一个支脉也开始成为国内外设计学研究的前沿阵地。马修·卡莫纳（Matthew Carmona）于 2017 年全面总结了英国建筑与建成环境委员会（CABE）的城市设计治理经验，正式系统地提出了"设计治理"概念及其工具包。当前，我国在深入推进国家治理体系与治理能力现代化，这为"设计治理"的本土化发展提供了契机。此外，博物馆的社会参与使命、新博物馆学的发展趋势及当前中国博物馆文创产业所面临的发展问题也为博物馆文创的设计治理研究奠定了基础。一直以来，作为我国文化治理的重要一环，博物馆建立的初衷就带有对人民实施教化的功能。近年来，国际上流行的新博物馆学也与中国的文化治理相结合，逐渐形成了博物馆发展的"中国路径"。作为该路径的重要组成部分，博物馆文创是博物馆参与文化治理的重要抓手。虽然已有学者从学理层面、产业维度对博物馆文创进行研究，但不可否认，当前从"文化治理"视角阐释博物馆文创的研究并不多。

"治理"一词出现在于 2013 年 11 月召开的党的十八届三中全

会审议通过的《中共中央关于全面深化改革若干重大问题的决定》中。之后，便成了热门话语，并不断出现在党的政治报告中。目前，学术界将"国家治理体系和治理能力现代化"简称为"国家治理现代化"，以"国家治理"为主题词的文献也如雨后春笋般大量出现。"文化治理"作为"治理"的下位概念，是国家治理体系的重要组成部分，是治理能力现代化的重要标志。自 2002 年起，文化建设就被划分为文化事业与文化产业两大部分，这种分法也产生了两种对文化治理的理解视角，这两种视角分别是使用文化进行治理、对文化进行治理。第一种视角认为文化是意识形态层面的教化工具，具有天然的治理能力；第二种视角则主要关注如何进行文化建设，推动文化事业产业的高质量发展。从事业角度看，培养人民群众的文化自信、实现公共文化服务均质化是文化治理的主要任务；从产业角度看，实现文化产业与其他产业融合、促进我国经济转型是重要内容。因此，在我国着力加快国家治理能力现代化建设阶段，引进具有强工具性的设计治理理论体系具有重要的现实意义，这不仅对国家治理能力的提升具有指导意义，也对国家治理工具系统的完善具有参考价值，这是研究文博文创设计治理的原因之一。

2021 年 5 月，由全国政协文化文史和学习专委会、中国民主同盟中央委员会联合牵头，中央宣传部、国家文物局、教育部、财政部等多部委共同参与的十三届全国政协第 50 次双周协商座谈会召开，会议就"新时代博物馆高质量发展"开展了专题研讨，并指出：我国博物馆事业的下阶段任务是实现高质量发展，具体为促进文博业务做精做专、提升展览陈列趣味性、增强文博公共教育功能、推进体制机制改革创新、健全文物开放共享机制、完善文博人才培养机制等，涉及博物馆公共文化服务领域的原创展览、教育活动、文创产品等治理对象。同月出台的《关于推进博物馆改革发展的指导意见》将弘扬中华优秀传统文化、构建公共文化服务体系、服务人民美好生活、推动经济社会发展确定为我国博物馆建设的主要任务。然而，将上述任务与文创产业结合并实现融合发展的机制、路径还不够明确。文化产业是文化治理的重要工具与手段，故文创商品化程度低、性价比低、同质化严重、地域发展差异明显、品牌商标随意使用、产品类型有限、形态功能逻辑错乱、文创叫好不叫座、竞赛弄虚作假严重、展览陈列缺乏新意、教育活动策划业余、馆舍特色凝练不足等博物馆文创所面临的各类问题，都是利用文创产业实现文化治理前需要解决的典型产业问题。虽然过去有不少针对问题的对策研究，但总体而言，部分是"头痛医头、脚痛医脚"式的对策建议，对于系统解决产业问题的效果并不明显，这需要研究者尽早制定系统性的治理方案，这是研究博物馆文创设计治理的原因之二。

从学科层面看，传统博物馆学的焦点是"藏品研究""场所教育研究"，但随着新博物馆运动的兴起，博物馆专家的研究志趣开始转向"对观众的研究"，逐渐发展出了对社区问题的关注，国际博物馆协会组织的数届大会也发表了旨在加强社区协作的宣言（如《圣地亚哥宣言》《魁北克宣言》《加拉斯加宣言》）。此后，文博界对这种工具性的博物馆学已基本达成了共识，博物馆作为国家治理技术的工具性逐渐加强，最终形成了"社会博物馆学"。虽然文博机构对自身的功能定位与未来充满了想象与憧憬，但是如果缺乏实践工具，这些宣言与理想充其量只是价值理念的"高大上"、功能行动的"假大空"。博物馆是在鸦片战争后、救亡图存的浪潮中被中国的文人志士当作"开民智"的文化治理工具引进我国的，但在后续的本土化中，由于受到国外理论思潮的强势影响，我国还未对博物馆文化治理开展过涉及内涵、方法、机制、路径等方面的深度研究，因此，时至今日依然未建立起具有中国特色的博物馆学。随着文化强国战略的实施、文化治理概念的提出，相关理论研究也亟待从"文化权利"的研究框架切换到"文化治理"的研究框架，这或许能使博物馆学中国化迎来发展契机，但仍取决于我国博物馆专家能否及时调整研究视角，使之契合公共文化服务提质增效的国家文化治理需要，这是研究博物馆文创设计治理的原因之三。

此外，在设计学科，自蔡元培的"以美育代宗教说"起，工艺美术（设计）就被视为改造国民性的手段，以今日治理视角观之，"设计"在当时就已被视为文化治理的工具。在"美育救国"思想领域外的"实业救国"实践领域中，也清楚存在设计的身影：民族工业在"设计师"的协助下，实现了工艺、材料、包装、纹饰、宣传等多层面的设计更新，在民族存亡之际，重建了国人的自信心。历次国货运动推动了产品、平面等设计领域的早期发展，面对中西文化冲突，在年份牌、包装纹饰、商标、招牌字体、书籍等载体上都能看到文化调和现象，这是"文创设计"的早期样本。对今日文创产品设计具有重要借鉴意义的"图案学"也在此期间由陈之佛建立，在此后长达半个世纪的时间里，设计界的仁人志士都在维护、完善该教学体系，但最终还是让位于设计艺术学。在国内设计教学体系的重大转向、国际上回溯主义的装饰设计等多重影响下，我国设计界对传统文化、折中风格进行了思考，无形中再次刺激了文创设计的生长，推动了对"旅游纪念品设计"的大规模研究。随着学术话语体系的转向，"旅游纪念品设计"研究开始过渡到"文创产品设计"研究，逐渐形成了较固定的设计流程范式、多元化的设计方法体系，但仍有研究视角狭隘、产学研脱节、研究志趣单一等问题。由于过多的研究精力被投入文创产品设计方法的组合研发上，国内设计界在真正需要借助设计理论解决的文创产业治理问题上却鲜有着墨，更没有将设计治理、社会创新、服务设计等前沿理论方法打造为文创产业所遭遇困境的解决方案，甚是可惜。这正是研究博物馆文创设计治理的原因之四。

今日的博物馆文创，若从文化事业角度看，是治理主体；若从文化产业来看，则是治理对象。正是由于它融合了事业与产业两大部分，故博物馆文创既需要被治理，也需要参与治理。具体而言，前者是指博物馆的社会责任。不论是博物馆在被引进我国时的"开民智"初衷，还是新博物馆学提出博物馆要走进社区、关注社会问题、为社会经济建设服务的新要求，都指明了博物馆作为文化治理主体的价值与功能；而后者主要是指文博文创产业所面临的各类发展问题。近年来，博物馆文创的经济效益潜力逐渐被社会各界所认知，但平心而论，我国文博文创发展还不尽如人意，尤其是在文创业务活动中，还存在不少亟待解决的产业问题，这是博物馆文创成为文化治理对象的原因。综上可知，博物馆文创治理不仅需要关注社会价值与经济价值，还需要充分发挥两者在各自领域的优势，使经过"治理"的治理工具更适合治理与之相关的社会问题。总之，不管是基于国家需求的外部动能，还是源于产业实际的内部动力，两者都要求博物馆文创实现高质量发展，这不仅是指经济建设上的"高质量"，还包括社会使命层面的"高质量"，而"设计治理"的提出就是为了实现这种"高质量"。这与博物馆文创产业的发展目标是一致的，这是研究博物馆文创设计治理的原因之五。

基于以上五大原因，本书开展了对博物馆文创设计治理的研究。本书围绕我国博物馆建设的基本任务，引进了国际上新兴的"设计治理"理论，借鉴了国内设计界的"社会创新"实践成果，分解了博物馆文创治理的国家目标与产业问题，完善了博物馆文创治理的目标维度，定制扩充了设计治理工具包，为博物馆文创的宏观与中观治理者提供了治理工具包，同时，也提出了针对博物馆与创新方面的微观治理工具，实现了对博物馆文创的系统设计与治理研究。

目 录

第一章　设计治理、博物馆学与文创的内涵　/ 1

　　第一节　博物馆文创的治理缘由　/ 1

　　第二节　设计治理的理论发展　/ 4

　　第三节　博物馆学的理念沿革　/ 20

　　第四节　文化创意的概念拓展　/ 25

第二章　博物馆、文化创新、设计学科的治理经验　/ 33

　　第一节　博物馆的治理经验　/ 33

　　第二节　文化创新的过往经验　/ 48

　　第三节　设计学科的治理意识　/ 63

第三章　博物馆文创的产业调研与问题分析　/ 70

　　第一节　产业发展现状概述　/ 70

　　第二节　产品开发的专项调研　/ 81

　　第三节　文创产业典型问题归纳　/ 109

第四章　博物馆文创治理工具的设计与应用　/ 117

  第一节　治理工具初始化设置　/ 117

  第二节　事业维度的治理工具　/ 118

  第三节　产业维度的治理工具　/ 127

第五章　结　语 / 154

参考文献　/ 156

致　谢 / 179

第一章　设计治理、博物馆学与文创的内涵

第一节　博物馆文创的治理缘由

从我国的政治语境看，治理是人类干预和应对社会或自然事件的行为或方式。[①] 在国内外学界，治理有"国家治理""政府治理""社会治理"等细分领域。[②] 有学者专门对国家治理、政治治理、社会治理进行了对比研究，指出在我国的政治语境中，政府治理几乎等于国家治理，社会治理则是国家治理的一部分，是社会力量与政府合作，实施对公共事务的管理，促进公共利益的实现。[③] 由于目前还缺乏对社会治理的定义，对其内涵、外延也有不同的解读，但总体而言，社会治理是指"以人民利益为上，发挥多元治理主体（如政府、社会组织等）作用，针对各类社会问题，提供社会服务，促进社会公平，推动社会可持续发展的活动"[④]。公共文化服务是文化治理的内容，具有社会治理功能。[⑤] 受西方新公共管理理论的影响，我国政府逐年增加了公共文化服务的预

[①] 叶超，于洁，张清源，等. 从治理到城乡治理：国际前沿、发展态势与中国路径 [J]. 地理科学进展，2021，40（1）：15–27.

[②] 中共中央关于全面深化改革若干重大问题的决定 [N]. 人民日报，2013–11–16（1）.

[③] 蔡益群. 社会治理的概念辨析及界定：国家治理、政府治理和社会治理的比较分析 [J]. 社会主义研究，2020（3）：149–156.

[④] 王磊，王青芸. 社会治理视域下的整合社会服务：逻辑、趋势与路径 [J]. 社会建设，2020，7（4）：56–67.

[⑤] 吴理财. 把治理引入公共文化服务 [J]. 探索与争鸣，2012（6）：51–54.

算与投入，同时也在积极推动公共文化服务的市场化、社会化，最大限度地激发社会资本的参与，[①] 进而培育社会的"自治"能力。

从文化事业维度的治理理念看，1974 年，博物馆被定义成为社会及其发展服务的机构，但对其的论述却不及业务定义靠前。2007 年，"博物馆为社会及其发展服务"的重要性首先被强调，其后才是对博物馆业务的定义。2022 年，新公布的定义延续了上一版的表述，"博物馆为社会及其发展服务"的属性再次被强调。2019 年，由中国博物馆协会主办的"新时代博物馆定义研究"学术研讨会提出了中国博物馆定义。该次会议将博物馆的责任目标表述为"促进文化互动和社会可持续发展，努力挖掘人类与自然发展物证的价值与意义，实现公共开放的文化服务"[②]。这一表述隐含着博物馆对社会治理问题的关注。自 20世纪 70 年代以来，博物馆已从对"物"的关注转向对"人""社会"的关注，即新博物馆学。[③] 这一转向包含两个层面：一是价值观的转向，即开始强调博物馆的社会性、文化性；二是目标的转向，即开始关注公共性、可持续性。博物馆对"人"的关注，可以理解为关注人与物的关系、人与人的关系、人与社会的关系等，[④] 这显然是在探讨博物馆的社会治理价值。复旦大学文博系陆建松教授重点关注了博物馆的教育功能，他认为"知识传播"才是博物馆的首要职责，而收藏、研究只是辅助博物馆实现教育职能的手段而非核心。[⑤] 也就是说，一定程度上，博物馆的社会效益是由教育成绩来衡量的，展览、活动、文创产品的策划、设计都是为了教育使命而开展的。[⑥] 博物馆作为公共教育机构，通过展览向社会大众讲述当地过去的人与人、人与自然和谐的生活方式，是对社会

---

① 张锋.中国社会治理：语境、演进、特征和展望 [J]. 中共中央党校（国家行政学院）学报，2020，24（6）：71-78.

② 耿坤.新时代博物馆定义中的新变化、新趋势——"新时代博物馆定义研究"学术研讨会综述 [J]. 中国博物馆，2019（2）：125-128.

③ 尹凯.关系主义博物馆学：缘起、立场与困境 [J]. 中国博物馆，2020（2）：59-66.

④ 李博雅.多元与包容——"和""同"语境下的博物馆与社区、社群关系审视 [J]. 中国博物馆，2020（2）：22-26.

⑤ 耿坤.新时代博物馆定义中的新变化、新趋势——"新时代博物馆定义研究"学术研讨会综述 [J]. 中国博物馆，2019（2）：125-128.

⑥ 陆建松.博物馆运营应以使命为导向 [J]. 中国博物馆，2020（2）：51-58.

大众的教化，也是社会治理的辅助手段。

　　从文化产业维度的治理理念看，文化产业是"文化"与"产业"的融合体，前者是精神层面的，讲究社会效益；后者是经济层面的，追求经济效益。这两者就如一张纸的两面，不可分割。对于文化与经济的关系，从历史上看共有五种不同的假设，但马克思主义学派认为文化与经济能相互促进，这也是我国政府制定文化产业政策的基石。文化产业学者向勇从产业视角研究了文化参与治理的模型。他从文化发展观出发将文化发展分成四个不同的维度，分别是文化艺术、文化产业、文化经济、文化社会。他认为这四者分别对应于文化的原创力、生产力、创新力、软实力。① 若移植到博物馆文创语境下，上述四个维度可分别理解为：文化艺术，指基于文物资源的文创产品设计活动；文化产业，即"博物馆文创的商业性"，可以理解为博物馆文创的产品产量、供应链合作、商业授权、资本运作、商业模式等；文化经济，指文创的产业融合作用，可以理解为博物馆文创通过授权模式与其他产业跨界合作提升对方的附加值、辅助"产业文化化"转型的作用；文化社会，则关注文创的社会治理能力，即通过博物馆与城市乡村的融合来提升周边环境、改变生活方式、更新思维方式。由此可见，文化产业不仅追求经济效益，也同样追求社会效益。社会效益不仅是文化产业发展的基础，也是其终极目标。文化产业所追求的社会效益的本质还是社会治理。

　　由上述分析可知，文化事业与文化产业都蕴含着社会治理的理念，事业属性强调的是文化的教育功能，产业属性强调的是文化的经济功能，但都统一于社会与经济的治理。近年来新提出的"文博大文创"概念包含了展览陈列、教育活动、文创产品等三方面内容，② 涉及事业与产业两个维度，其中，展览陈列、教育活动属于前者，体现教育功能；文创产品主要属于后者，以经济功能

---

① 向勇 . 文化产业导论 [M]. 北京：北京大学出版社，2015.

② 国家文物局博物馆司博物馆处 . "博物馆文化产品"研讨会综述 [N]. 中国文物报，2007-10-26（6）.

为主，也兼顾教育功能。由此可见，博物馆文创是借用事业、产业这两只手参与社会与经济的治理活动的，这不仅为博物馆界发展文创提供了学理支持，也确定了博物馆发展文创的正当性。笔者认为，只有基于对社会效益的追求，亦即在坚持发挥博物馆教育功能的基础上，经过适当、合理的顶层设计，博物馆通过参与社会治理工作，才能最大程度地扩大博物馆文创的经济价值，也才能实现社会与经济效益的"双丰收"。

第二节　设计治理的理论发展

一、各治理概念的比较与辨析

不论在国际上，还是在国内，治理都是前沿话题。尤其是自党的十八届三中全会提出"创新社会治理体制"后，"治理"成了国内学界的研究热点，相关文献也如雨后春笋般涌现。① 由于治理是源于西方的政治学概念，国内对治理的理解较为多元。按照有关学者的定量分析结果，国内近 51% 的研究使用的是西方的"规范治理观"，只有不到一半的研究是在我国的"治国理政观"下进行的。其中，前者是指将多元共治作为价值导向，主张主体间的平等互动，且不区分治理领域；后者则认为治理是协调不同主体间关系的制度安排，多元参与只是其中一种形式，对经济、文化、生态等领域需要区别对待，不一定要建立完全均等的多元关系。② 可见，学术界对"治理"的理解并没有形成共识。③

为了快速了解"治理"在我国学界的研究概况，笔者以"治理"为主题在知网中进行了检索，获得了各类文献近 84 万条（检索日期为 2022 年 2 月 6

---

① 蔡益群. 社会治理的概念辨析及界定：国家治理、政府治理和社会治理的比较分析[J]. 社会主义研究，2020（3）：149–156.

② 杨开峰，邢小宇，刘卿斐，等. 我国治理研究的反思（2007—2018）：概念、理论与方法[J]. 行政论坛，2021，28（1）：119–128，2.

③ 蔡益群. 社会治理的概念辨析及界定：国家治理、政府治理和社会治理的比较分析[J]. 社会主义研究，2020（3）：149–156.

日），按文献数量排列，分别有综合治理、公司治理、社会治理、国家治理、环境治理等主要主题。此后，笔者在知网中又继续分别以"国家治理""社会治理""文化治理""博物馆治理"为主题检索词，以"国家社会科学基金"与"CSSCI"为筛选条件进行文献检索，以了解专家学者们的兴趣分布（见表1-1）。借助知网大数据，笔者发现涉及"国家治理"的期刊论文高达5276篇，从次要主题来看，有中国共产党、依法治国、全面深化改革、习近平、新时代、中国特色社会主义等党政治理主体研究，有社会治理、乡村治理、基层治理、社区治理、高校治理、国家审计等涉及不同治理内容的研究，还有实现路径、大数据、协商民主、协同治理等关注治理方法与工具的研究，更有侧重国家治理内在逻辑的哲学思辨研究，呈现了多样化的研究方向。从知网的文献计量数据来看，应用研究是最主要的研究层面，约占72.8%，可见我国国家治理研究为应用对策研究，以资政决策为主。以"社会治理"为主题检索词能找到3016篇期刊论文，涉及的次要主题为：基层社会治理、社会组织、社区治理、乡村治理、社会工作、网络社会治理、乡村振兴、社会治理共同体、实现路径、协商民主等。以"文化治理"为主题检索词能找到165篇期刊论文，涉及的次要主题为：公共文化服务、文艺队伍建设、数字文化、文化自信、治理路径、乡村振兴、创新机制、文化体制改革、文化产业、价值内涵、面临的挑战等。而涉及博物馆治理的文章只有3篇，内容分别为文物安全、模式创新、治理思想等。

表1-1　国家治理相关文献计量结果对比

检索词	文献总量/篇	筛选后期刊论文数/篇	涉及的次要主题
治理	837943	92092	综合治理、公司治理、社会治理、上市公司、内部控制、人民政府、乡村振兴、治理整顿、国家治理、环境治理、社会治安综合治理、国有企业、基层治理、协同治理
国家治理	41640	5276	中国共产党、依法治国、全面深化改革、习近平、新时代、中国特色社会主义；社会治理、乡村治理、基层治理、社区治理、高校治理、国家审计；实现路径、大数据、协商民主、协同治理；内在逻辑

续表

检索词	文献总量 / 篇	筛选后期刊论文数 / 篇	涉及的次要主题
社会治理	34327	3016	基层社会治理、社会组织、社区治理、乡村治理、社会工作、网络社会治理、乡村振兴、社会治理共同体、实现路径、协商民主
文化治理	1201	165	公共文化服务、文艺队伍建设、数字文化、文化自信、治理路径、乡村振兴、创新机制、文化体制改革、文化产业、价值内涵、面临的挑战
博物馆治理	55	3	文物安全、模式创新、治理思想

（一）国家治理

我国的"国家治理"概念内涵丰富，囊括很多内容。从治理主体看，国家治理就是中国共产党及其领导的国家权力机构的公共管理活动，不仅包括各级地方政府，也包括党的各级领导机关；从治理内容看，它包括规范行政行为、市场行为、社会行为等的一系列制度与程序，分别对应政府治理、市场治理、社会治理这三个子体系。① 若映射到博物馆文创治理中，这三个子体系分别是文化主管部门借助政策、制度、规章等进行政府层面的治理，针对博物馆文创产业市场行为进行的市场治理，通过博物馆教化功能所实现的社会治理。有效的国家治理涉及三个基本问题：谁治理、如何治理、依靠什么治理。这三个问题实际上就是国家治理的三个要素，即治理主体、治理机制、治理工具。② 故在一定意义上，治理工具的研发是治理研究的重点。由于国家治理的目标是善治，③ 因此，只有好的政府治理是不够的，还要有好的社会治理，这就意味着治理不仅仅指向好的正式工具，也要有好的非正式工具，要将正式工具与非正式工具相协调，而这一点是本书的特色所在。

（二）社会治理

党的十九届四中全会明确指出，我国现代化社会治理体系的主要特点是

---

① 俞可平. 国家治理的中国特色和普遍趋势 [J]. 公共管理评论，2019，1（3）：25–32.

② 俞可平. 中国的治理改革（1978—2018）[J]. 武汉大学学报（哲学社会科学版），2018，71（3）：48–59.

③ 蔡益群. 社会治理的概念辨析及界定：国家治理、政府治理和社会治理的比较分析 [J]. 社会主义研究，2020（3）：149–156.

"党委领导、政府负责、社会协同、公众参与"①，这再一次明确了社会治理的对象。学者郑钧蔚将其概括为个人、政府组织、自治组织、各类经济社会组织。他认为政府要构建新型社会治理体系，就需要推动个人、社会组织在公共事务中发挥积极作用，同时政府也应该调整其在"社会治理"中的角色与定位，② 适度放权，由个人与社会组织来负责具体的社区事务。学者侯小伏认为中国社会全面脱贫后，人民群众对生活质量会有更高要求，而对生活的"满意度"与"幸福感"等生活质量衡量指标与社会治理成效息息相关，因此，脱贫工作完成后，政府应加强社会治理，满足基层社区居民的各项文化需求。③ 可见，基层社区是我国社会治理创新的前沿与主阵地，基层社区治理是我国社会治理的关键所在，而基层社区的各类治理创新实践，也会汇聚成为推进我国"社会治理现代化"的重要经验。

（三）文化治理

"德治教化"是国家治理方式现代化中体现传统文化精髓的重要标志。中华文明之所以能经受住各种冲击而坚守根基，与我国坚持法治与德治相结合的传统文化基因息息相关。④ 在社会治理体制创新中，文化协助社会治理的力量不容小觑。因为从社会治理体系来看，文化治理是社会治理的重要部分，使用文化来辅助社会治理是顺理成章的；从我国历朝历代的社会治理经验看，文化在维护社会稳定方面确实发挥了重要作用。

在我国的政治体系中，文化治理是国家治理的一部分。国家治理与社会治理之间有较多的主题重叠，研究内容也大同小异，说明社会治理是国家治理的应有之义与主要内容，即采用社会力量与政府协作的方式达成国家治理目标，⑤

① 郭声琨.坚持和完善共建共治共享的社会治理制度 [N].人民日报，2019-11-28（6）.
② 郑钧蔚.社会治理理论的基本内涵及主要内容 [J].才智，2015（5）：262.
③ 侯小伏.全面建成小康社会背景下社会治理创新的路径 [J].信访与社会矛盾问题研究，2017（2）：20-32.
④ 陈一新."五治"是推进国家治理现代化的基本方式 [J].求是，2020（3）：25-32.
⑤ 蔡益群.社会治理的概念辨析及界定：国家治理、政府治理和社会治理的比较分析 [J].社会主义研究，2020（3）：149-156.

甚至在一定语境中可以替换使用。相较之下，文化治理则只关注文化领域。由于文化作为治理工具在我国具有悠久的历史，其也被作为国家治理、社会治理的重要工具，故作为柔性治理手段的文化治理，也是国家治理、社会治理的重要内容，其与前述两者的主要差别则在于视角与领域不同。

在"文化治理"被正式提出前，该概念多被称为"文化建设"。从改革开放以来，文化的分类经历了二分法、三分法、四分法与五分法：在二分法中，文化指的是精神文明建设，与物质文明建设相对应；在三分法中，文化建设与经济建设、政治建设并列；在四分法中，文化建设与经济建设、政治建设、社会建设并列；在五分法中，文化建设是除了经济建设、政治建设、社会建设、生态文明建设外的另一重要维度。如今，"国家文化治理体系和治理能力现代化"中所提及的"文化"，是五分法中的"文化"。按照"国家的文化治理体系与治理能力现代化建设"目标，文化治理的三大任务是健全现代市场体系、构建现代公共文化服务体系、推进文化管理体制机制创新，[①] 对应到文博文创中，至少包含博物馆文创产业市场的健全任务、均质化的博物馆公共服务体系的构建任务、博物馆文创商业模式创新的推进任务等。

自古以来，"文化兴盛"是盛世的重要象征，文化创意（culture and creativity）[②]产业已蓬勃发展多年，但其道德教化作用在社会治理层面还缺乏应用实践。其主要原因是对文化分类、文化创意的作用理解不深入，因此有必要重新认识文化与文化创意。依据公益性，文化被划分为文化事业与文化产业两类。在现实中，文化产业又被称为文化创意产业。[③] 一般而言，文化管理、公共文化服务、文化遗产保护、文化交流等公益性文化内容被认为是近似于传统文化事业的公共产品，而文化产业被认为是市场经济下文化发展的新模式，属于经营性产品

---

① 祁述裕. 国家文化治理建设的三大核心任务 [J]. 探索与争鸣，2014（5）：7-9.

② 学界、业界多把"文化创意"翻译为"culture and creativity"，用"cultural and creative industries"表示文化与创意产业。本书中的文化创意表示"基于文化的创意"，所以翻译为"cultural creativity"。

③ 钟婷，施雯，等. 文化创意产业 20 年 [M]. 上海：上海科学技术文献出版社，2018.

或混合产品。①

此分类并不影响具有经济属性的文化创意发挥提高社会治理的公益性作用。学者康璇认为，文化治理现代化作为社会治理的必要部分，要积极"去行政化"，应以建立"参与式""互动式"的包容性平台为工作目标，积极调动民众、社会力量参与社区文化共建、共创、共享，避免采用传统文化事业的管理方式。② 在此基础上，还应避免在讨论社会治理等公益性话题时惧怕使用文化产业这一经济手段来实现社会治理目标的情况，即使用文化手段驱动社会治理时，不要刻意分辨文化事业和文化产业，而是应该坚持综合应用。设计学科所进行的社会创新实验多数都应用了文化创意的根本观念（即"跨界合作"思想）来促成异业合作，这种创新思维不仅能开拓社会治理的思路，也使设计学科的社会创新实验更容易落地，如有的实验帮助贫困地区形成地方特色产业实现了脱贫致富，有的实验通过美化更新解决了"脏乱差"的人居环境问题，还有的实验通过震撼性的展览实现了社区居民的美育教化和移风易俗的目标。

（四）博物馆治理

博物馆治理是指对博物馆业务的管理，该提法在国内学界并不少见。2021年，在由中央九部委联合印发的《关于推进博物馆改革发展的指导意见》中出现了"博物馆治理"，相关的表述为"博物馆治理体系和治理能力现代化"，这是文化治理体系与治理能力现代化进一步细化的结果。在该文件中，博物馆治理主要与管理体制的完善有关，涉及理事会管理机制、人事制度、资产管理等内容，其目的是提升博物馆公共文化的服务效能。

二、设计治理理论的基本概述

从上述分析可见，在政策层面，从国家治理到社会治理，再到文化治理，

---

① 傅才武 . 中国公共文化服务的理论范式与政策逻辑 [J]. 人民论坛，2019（32）：130–135.
② 康璇 . 文化治理视域下的公共文化服务体系建设 [J]. 现代商贸工业，2020，41（28）：24–28.

最后到博物馆治理，是国家治理体系和治理能力现代建设不断细化的结果。在我国的政治语境中，设计治理属于文化治理，[①]故博物馆治理与设计治理是文化治理中的不同维度。在此脉络下，博物馆文创设计治理是综合博物馆治理与设计治理的产物，不仅涉及包含人事管理、资产管理在内的博物馆管理体制，也包括对博物馆文创设计活动的治理，更涵盖通过提供均质化的公共文化服务提升民族凝聚力的治理内容。

（一）设计治理理论及分类

虽然"设计治理"是近年来出现的新名词，但客观而言，设计治理的概念早已有之。在设计治理被正式提出前，设计界往往将设计参与社会治理的活动称为"社会设计"或"社会创新"（虽然两者不尽相同，[②]但一般不严格区分[③]）。有学者认为，社会创新是"服务设计"的一个分支，强调了其对问题的关注，也可以理解为使用服务设计方法与工具对社会问题进行设计。[④]社会创新之所以能被称为设计，是由于其是"设计思维"（design thinking）的成果。设计思维是指对问题界定后提出解决方案的思维过程，[⑤]一般而言，只要运用了该思维的活动都可以称为设计活动，这在无形中拓宽了设计的范围。由于社会设计试图通过设计产品或服务或产品服务系统（product service system，简称 PSS）[⑥]来解决不公不义的社会问题，故其可被认为是为社会治理量身定做的设计方法。设计学科内基本认同社会创新起源于维克多·帕帕奈克（Victor Papanek）在《为真实的世界设计》中提出的"设计的社会责任"一说，[⑦]之后此类研究沿着两条路径演进。狭义的社会设计以蒂姆·布朗（Tim Brown）为代表，该派主张只有为

---

① 邹其昌.理解设计治理：概念、体系与战略——设计治理理论基本问题研究系列 [C] // 第五届中国设计理论暨第五届全国"中国工匠"培育高端论坛论文集.上海：同济大学设计创意学院，2021.

② 钟芳，曼奇尼.社会系统观下的社会创新设计 [J].装饰，2021（12）：40-46.

③ 曼奇尼.设计，在人人设计的时代：社会创新设计导论 [M].钟芳，马谨，译.北京：电子工业出版社，2016.

④ 丁熊，杜俊霖.服务设计的基本原则：从以用户为中心到以利益相关者为中心 [J].装饰，2020（3）：62-65.

⑤ Marc S. Co-design as a process of joint inquiry and imagination[J]. Design Issues, 2013, 29（2）:16-28.

⑥ "产品服务系统"是基于系统设计、服务设计等理念方法而衍生出的新概念，后文将详细讨论。

⑦ 钟芳，刘新.为人民、与人民、由人民的设计：社会创新设计的路径、挑战与机遇 [J].装饰，2018（5）:40-45.

弱势群体量身定做的产品或服务，或其组合才是社会设计；而广义的社会设计则以米兰理工大学的埃佐·曼奇尼（Ezio Manzini）为代表，认为只要是为社会大众提供的非商业设计即是社会设计。不管哪派的观点更贴近社会设计的真实内涵，可以肯定的是两者都是对社会现实问题的关注，只是帕帕奈克所提出的观点较多关注对设计活动的治理，布朗、曼奇尼等强调的社会创新则是设计参与社会治理的途径之一。

在我国，社会创新更多体现在后一维度，这与我国的文化传统有关。我国自古就有文化治理的传统，如有"垂衣裳而天下治""半部《论语》治天下"等说法，[①] 这些都是利用文化的社会教育功能实现对大众的教化的生动总结。从近代起，类似的功能就被称为"美育"。美育概念最早出自蔡元培所提出的"以美育代宗教说"，他认为工艺美术是改造国民性的手段。[②] 若以今日治理视角观之，设计的代名词——"工艺美术"[③] 在当时就已被视为文化治理的工具。在美育救国思想领域外的实业救国实践领域中，也清楚存在设计的身影：民族工业在设计师的协助下，实现了工艺、材料、包装、纹饰、宣传等多层面的设计更新，在民族存亡之际，重建了国人的自信心，这是借助设计手段实现社会治理的生动案例。近年来，在城市更新、乡村振兴等政策背景下，我国设计界开展了社区环境美化、[④] 创意城区建设、[⑤] 社区文化复兴、[⑥] 历史街区更新、[⑦] 乡村商业模式

---

① 邹其昌."设计治理"：概念、体系与战略——"社会设计学"基本问题研究论纲 [J]. 文化艺术研究，2021，14（5）：53-62，113.

② 张磊.话语与场域：近代中国工艺美术的现代性阐释 [J]. 装饰，2019（1）：77-79.

③ 杭间.设计道：中国设计的基本问题 [M]. 重庆：重庆大学出版社，2009.

④ 方晓风.设计介入乡村建设的伦理思考 [J]. 装饰，2018（4）：12-15.

⑤ 苏洪恩.以城市策展为触媒的历史城区更新活化方法：以北京大栅栏和深圳南头古城为例 [J]. 装饰，2018（4）：132-133.

⑥ 娄永琪.一个针灸式的可持续设计方略：崇明仙桥可持续社区战略设计 [J]. 创意与设计，2010（4）：33-38.

⑦ 程辉.社会创新视域下文化创意驱动社会治理研究 [C]// 第六届东方设计论坛暨 2020 东方设计国际学术研讨会论文集.上海：上海交通大学出版社，2020.

设计、[①] 设计产业扶贫 [②] 等社会创新活动，这些自发的活动都旨在通过设计工具来进入城乡的社会、经济、文化等领域，与设计治理密切相关，[③] 也可以界定为"使用设计进行治理活动"，因为它们解决了社会中的现实问题，[④] 达到了社会共治的"善治"目标，[⑤] 体现了设计学科的社会责任。因此，在国内先行开展的社会创新实践活动与国际上新兴的设计治理理念、我国的文化治理传统是一脉相承的。

在国际上，"设计治理"先由马修·卡莫纳于 2017 年正式提出，他总结了由英国建筑与建成环境委员会开发的各类治理工具，这些工具都具备极强的操作性，在建筑与建成委员会存续的十余年内被证明是有效的。虽然创造它们的初衷是为了英国的城市设计治理，但由于针对文化的治理活动往往是相通的，因此这些工具经过改造也能应用到博物馆文创产业治理上。不过，卡莫纳所提出的设计治理主要还是对设计活动的治理（governance of design）。近年来，不少国内设计学者开始关注设计治理的话题，如同济大学邹其昌教授主办了数次设计论坛，组织国内学者对设计治理进行讨论，其主题包括设计治理的内涵、[⑥] 历史、[⑦] 书评、[⑧] 设计政策、[⑨] 工具本地化[⑩] 等。从研究成果看，相关论文主要关注的是如何借助设计手段来实现治理，这虽与卡莫纳的维度相异，但却明确指出了设计治理的第二层面，即通过设计实现文化治理（governance through design）。

---

① 段胜峰，蒋金辰，皮永生. 比淘宝多一里：设计介入乡村供销模式的实践与研究 [J]. 装饰，2018（4）：28-33.

② 张朵朵，季铁. 协同设计"触动"传统社区复兴：以"新通道·花瑶花"项目的非遗研究与创新实践为例 [J]. 装饰，2016（12）：26-29.

③ 江雨豪，陈永康，何人可. 社会创新设计研究进展可视化分析 [J]. 包装工程，2021，42（24）：222-229.

④ 徐聪. 社会设计理论视角下社区治理思路创新及原则遵循 [J]. 重庆社会科学，2020（7）：110-120.

⑤ 俞可平. 社会自治与社会治理现代化 [J]. 社会政策研究，2016（1）：73-76.

⑥ 邹其昌. "设计治理"：概念、体系与战略——"社会设计学"基本问题研究论纲 [J]. 文化艺术研究，2021，14（5）：53-62，113.

⑦ 赵绍印. 设计治理：设计普及时代的到来 [C]// 第四届中国设计理论暨第四届全国"中国工匠"培育高端论坛论文集. 上海：同济大学设计创意学院，2020.

⑧ 祝贺，唐燕. 评《设计治理：CABE 的实验》[J]. 城市与区域规划研究，2018，10（3）：247-249.

⑨ 祝师，张萌秋. 设计政策研究在中国——一项基于文本分析的学术史回顾 [J]. 工业工程设计，2021，3（1）：1-10.

⑩ 祝贺，唐燕，张璐. 北京城市更新中的城市设计治理工具创新 [J]. 规划师，2021，37（8）：32-37.

综上所述，卡莫纳将"提升设计品质"作为其设计治理理论与实践的总目标，属于设计活动的治理范畴；而邹其昌主张将设计治理作为社会设计学的建构理论之一，结合了国际设计前沿与我国传统文化，实现了对卡莫纳的设计治理理论的升华与本土化，属于使用设计进行治理活动范畴。对博物馆文创产业而言，这两个视角都具有价值：一方面，博物馆文创产业面临"低质化""同质化"的发展困境，急需借助设计治理工具实现高质量发展；另一方面，文化是社会治理的工具，博物馆作为公共文化服务的提供机构，在社会治理上承担着不可推卸的责任。这种分法也正好与国内学界对文化治理的分类相匹配。[①]

（二）设计治理的通用工具

按照卡莫纳的定义，"设计治理"是经国家认可的干预方式，其目的是使设计的过程与结果更符合公众利益。该理论体系总结并验证了设计治理工具的作用范围、使用时机，为文化治理领域带来了一套可借鉴、具有操作性的方法论体系。在治理研究中，制度政策是起主导作用的国家治理工具，协商民主是起辅助作用的社会治理工具，但本书细化了上述工具并补充了大量的其他工具，治理工具包的提出是本书的最大特色。对治理来说，这种工具包的提出极大地降低了文化治理的难度。由于治理对象的复杂性，使用单个治理工具往往难以达到预期的治理目标，因此需要综合应用多种治理工具，从不同角度就同一问题进行治理。卡莫纳将治理工具分为正式工具与非正式工具，涵盖指引、激励、控制、证据、知识、促进、评价、辅助等八大类及27小类（见表1-2）。需要注意的是，上述工具是针对英国城市设计治理而开发的工具，因此，需要使用者灵活优化，甚至创造出与应用场景相匹配的本土化治理工具。

---

① 廖胜华. 文化治理分析的政策视角 [J]. 学术研究，2015（5）：39-43.

表 1-2 设计治理通用工具包

		工具名称	简要说明
正式工具	指引	设计标准	制定业务需达到的最低要求
		设计准则	制定需共同遵守的行业准则
		设计政策	政府对政策制度进行设计与制定
		设计框架	如总体规划、发展框架、设计战略等
	激励	补贴	借助税收减免、贷款优惠等政策实施补贴
		直接投资	财政经费直接投入
		过程管理	政府对实施过程进行监管、设置事务审批流程
		奖励	以多种形式奖励需要鼓励者
	控制	开发商贡献	政府为贡献者提供资源，对破坏者实施惩罚
		采用	征用，收归国有
		开发许可	方案需要委员会审定
		批准	通过审定才能获准实施
非正式工具	证据	研究	对治理对象开展研究，为决策者提供对策建议
		审查	评估、诊断、分析
	知识	实践指南	总结实践经验，以指导其他项目的策划、设计及实施
		案例研究	将过往案例进行详细分析与展示，并汇编成册
		教育与培训	对不同对象开展正规教育与继续教育
	促进	奖项	颁发设计奖项
		运动	系列化活动，如针对"酒驾问题"的整治运动
		倡议	如基于防疫目的而倡议"原地过年""视频拜年"
		伙伴关系	关键利益相关者结盟成为伙伴
	评价	指标	设置评价指标，衡量治理绩效
		非专家评价 *	消费者代表对即将投产前的产品进行内部测评，以协助优化
		认证	如对所达到的某种质量标准进行认证，如原产地认证
		竞赛	开展设计竞赛
	辅助	经济辅助	通过半官方机构实施合法投资，规避政府直接投资的风险
		赋能 †	专家为项目实施提供辅导建议

* 英文为"design review（informal）"，原译为"设计评审（非正式）"，本文根据原著译为"非专家评价"。† 中文版译为"授权"，但根据英文（enabling）及功能介绍，修改为"赋能"更佳。

资料来源：卡莫纳，马加良斯，纳塔拉扬. 城市设计治理：英国建筑与建成环境委员会(CABE)的实验 [M]. 唐燕，祝贺，蔡智，等，译. 北京：中国建筑工业出版社，2020.

（三）与设计治理相关的设计理论

卡莫纳在书中番外篇也提到了社区参与，认为参与式设计是一款包括引导、控制、证据、知识、辅助等多种正式与非正式治理工具的设计工具，这为设计治理与其他设计理论的交流、互鉴提供了样板，也暗示着设计治理能具有与其他设计理论融合发展的能力。经粗略评估，设计治理至少与社会创新、系统设计、设计管理、群智创新等设计理论方法可能存在交集。

1. 社会创新

有别于"技术创新"或"经济创新"等创新方式，源于西方社会、以解决社会问题为己任的社会创新融合了社会学、经济学、设计学等理论的实践方法论体系。目前，大量的社会创新实践项目都是由设计学科主导的。一般而言，社会创新的成果可以是具有实体的狭义产品，也可以是围绕公共服务机构的组织架构、产业政策、服务流程、工作理念、管理制度等展开的广义产品设计。[①]虽然产品服务系统最初是面向环境治理提出的产品新形态，但其概念内涵的拓展也为博物馆文创产品开发提供了产品形态变更的启示，尤其是对解决博物馆文创产品"同质化"问题的启发值得研究者关注。

虽然设计学科致力于解决问题，其诞生时就具有一定的社会性，但社会创新概念的历史却不长，它的出现是因为传统的思维、方法、工具等设计学知识在解决新兴的现实问题中受到了挑战，是设计学科进行设计思维、方法论自我革新的结果；同时，它扩充了设计学科的内涵，拓展了设计研究的边界。[②]与设计学科中新兴的"服务设计""战略设计"等概念相似，社会创新继承了设计学科交叉协同的特点，注重与商科、管理学等学科的通力合作，关注社区需求、强调社区参与，在实现社区集体利益的前提下，尽可能地创造经济效益，以实现可持续发展，其最终的成果可以是战略、想法、产品、空间、系统、服务等或上述类别的综合体。社会创新实践在我国仍处于起步阶段，国内高校普遍还没有开设该专业，但其在欧美国家已有多年的发展历史，如麻省理工学院、埃因霍芬设计学院、皇家艺术学院、伦敦艺术大学、斯坦福大学设计学院、纽约大学、纽约视觉艺术学院等综合类或设计类高校都已开设该专业，为本国培

---

① 徐聪. 社会设计理论视角下社区治理思路创新及原则遵循 [J]. 重庆社会科学，2020（7）：110–120.

② 裴雪，巩淼森. 欧洲社会创新设计探究的动态和趋势 [J]. 包装工程，2017，38（12）：22–26.

养了优秀的社会创新人才，这些人才被输送到各类非营利组织或通过创办"社会企业"①的形式，参与解决社会问题，成为欧美国家社会创新工作的先驱与主力。②

前文提及的曼奇尼教授是社会创新领域的知名学者之一，他将社会创新分成了三类：自下而上型（由机构、民间组织、公司主导）、自上而下型（由专家、决策者、政治活动家主导）及混合型（兼具上述两者），③并指导了国内外设计学专家进行社会创新实践。目前，国内大部分关于社会创新的设计实践都属于自下而上型，是以设计实验方式进行的初步探索。典型的实践项目有同济大学娄永琪等人对崇民仙桥社区可持续发展所进行的战略设计研究、④浙江工业大学朱上上等人对畲族社区可持续发展模式的再设计研究、⑤湖南大学季铁等人对中西部地区开展的"新通道"项目等。⑥其中，部分案例因展现出社会治理成效，逐渐受到政府表彰，成为受政府资助的示范性项目。随着设计治理研究的深入，设计治理将与社会创新形成协同：一方面，社会创新的实践经验将启迪设计治理新工具的创造；另一方面，设计治理工具将指导如何开展高质量的社会创新活动。上文提及的新型社会治理理论所强调的政府、人民、组织、企业之间应有的关系及在治理中的协同模式，与设计学视角下的社会创新有异曲同工之妙。在社会治理体制创新中，社会创新可以作为新视角、新方法成为我国社会治理的新途径、新举措。目前，我国还缺乏从社会治理角度开展的社会创新研究与实践，即使社会创新与社会治理之间存在着千丝万缕的联系，但两者的驱动机制还亟待进一步厘清。

---

① 社会企业是指以解决社会问题为愿景，参照企业化管理，不以谋求经济效益为首要目标的机构组织。

② 郭寅曼，季铁.美国设计与社会创新发展概况综述 [J]. 包装工程，2017，38（12）：17–21.

③ Ezio M. Making things happen: Social innovation and design[J]. Design Issues，2014，30（1）：57–66.

④ 娄永琪.一个针灸式的可持续设计方略：崇明仙桥可持续社区战略设计 [J]. 创意与设计，2010（4）：33–38.

⑤ 朱上上，孔秀丽，刘肖健.面向畲族地区的创新发展模式设计 [J]. 包装工程，2019，40（8）：111–117.

⑥ 湖南大学设计艺术学院.新通道·设计与社会创新夏令营项目背景 [EB/OL].（2013–09–23）[2022–10–27].
http://newchannel.design-engine.org/tongdao/.

2. 系统设计

系统设计把产品设计开发视为一项系统工程，中国美术学院王昀、刘征、卫巍认为设计活动的开展至少需要考虑以下五方面内容：一是"产品的城市产业系统"，指向的是产品与城市产业的关系，指的是产品在社会发展中所扮演的角色。在可持续发展理论下，产品不是为了满足人的需求而是要能服务于社会发展。若它不能服务于社会发展，那么就是对资源的浪费、对环境的破坏，这是对产品的顶层设计，是开发产品前要有的价值预设。二是"产品的企业战略系统"，是指产品与企业品牌战略。三是"产品的项目管理系统"，在设计学科内称为"设计管理"，主要是指产品设计开发的具体流程、各阶段的评价方法以及推进产品开发工作的决策机制等内容。四是"产品的商业系统"，指在产品开发过程中要对商业环境进行详尽的了解，如产品的潜在竞争对手、目标消费者特征及需求、可适用的新工艺新材料、商业模式等。五是"产品的制造系统"，此处指的是狭义的设计系统，主要关注产品的制造问题，如工艺材料的具体应用、供应链的选择、产品生产质量的把握等内容。[①] 由此可见，科学的产品设计工作是复杂的，是对现实限制因素的平衡与调节。在此语境下，博物馆文创产品的开发并非仅是画个产品效果图那样简单，而是需要将产品开发嵌入城市产业系统、企业战略系统、项目管理系统、商业系统、制造系统等五大体系中，回应各个体系的需要，构建自身的价值与明确角色定位，这样才能发挥出设计的治理功用，提升设计活动的治理效果。

"产品服务系统"是基于系统设计、服务设计等理念方法而衍生的新概念。传统的设计处理的是狭义的产品，即"物质产品"，而服务设计则将服务视为"虚拟产品"，认为服务也是可以被设计的，构成广义的产品。在设计高速发展的 21 世纪，只关注狭义的产品而忽略广义的产品是不正确的设计观。需要指出的是，广义产品观并不是对狭义产品观的抛弃，而是继承后的发展，通过在

---

① 王昀，刘征，卫巍 . 产品系统设计 [M]. 北京：中国建筑工业出版社，2014.

狭义产品上附加服务的方式，构建更完善的产品系统。产品服务系统是为了社会治理的需要而提出的。联合国环境计划署曾编辑小册子专门介绍产品服务系统是面对可持续发展需要的创新策略，是对仅关注物质产品的商业模式的革新，认为在不增加资源消耗的情况下，通过提供服务同样能满足消费者的需求，而且建议将"独占式"的产品开发升级为"共用式"的服务共享，是一种有利于环境治理的共享经济发展模式。其中，提出了产品服务系统中三种主要的服务形式：为消费者提供问题解决方案的组合来满足其需求、为消费者提供物质产品全生命周期的维护服务、为消费者提供产品共享的服务平台。[①] 此后，还有学者将狭义的产品（实体产品）与广义的产品（虚拟产品或服务）视为产品服务系统，[②] 拓展了该概念的范围。

3. 设计管理

"设计管理"于 20 世纪 60 年代诞生，[③] 经过 60 多年的发展，学界对该概念已基本形成了共识：它包括对设计项目、产品开发过程、设计战略等内容的管理，[④] 但笼统看，这是面向企业的设计行为管理。目前，设计管理研究主要侧重设计思维研究，[⑤] 同时也关注参与式设计、社会创新等新兴设计活动对设计管理理论更新迭代的积极影响。[⑥] 设计管理与设计治理存在部分交集，但对于两者的隶属关系学者仍存在分歧。有学者从社会公平角度论述了设计管理的社会责任，[⑦] 强调了设计管理的社会治理功能；也有学者基于权力统治视角，提出"设计治理属于设计管理，但设计管理不是设计治理"[⑧] 的论述。不过，可以肯定的

---

① Ezio M, Carlo V. Product service systems and sustainability: Opportunities for sustainable solutions[R]. Paris: United Nations Environment Programme，2002.

② 罗秋曼，贺孝梅.基于产品服务系统的博物馆文创可持续性研究 [J]. 包装工程，2019，40（8）：299-304.

③ 徐刚.论设计管理的理论内涵及其程序结构 [J]. 经济经纬，2007（4）：96-98.

④ 刘吉昆.设计管理及其提出的背景与价值 [J]. 装饰，2014（4）：12-14.

⑤ 张立群.设计管理的方法体系 [J]. 装饰，2014（4）：15-20.

⑥ 蔡军，李洪海.设计 3.0 的视角——设计管理中的设计知识结构 [J]. 装饰，2016（12）：88-92.

⑦ 郑巨欣.为生态正义而管理设计 [J]. 装饰，2014（8）：58-61.

⑧ 邹其昌.理解设计治理：概念、体系与战略——设计治理理论基本问题研究系列 [C]// 第五届中国设计理论暨第五届全国"中国工匠"培育高端论坛论文集.上海：同济大学设计创意学院，2020.

是，设计管理与设计治理不同，前者是强势的权力控制行为，后者是通过协商对话、寻求共治的干涉行为。① 但设计管理所创造的管理工具、所积累的管理经验却可以导入设计治理工具包，来丰富设计治理工具体系。对博物馆文创产业而言，这些是不可多得的宝贵经验与精神财富。

4. 群智创新

在我国社会治理体系中，"民主协商、社会协同、公众参与"是重要的辅助工具，前者的实践历史较长，且成绩斐然，但后两者的实践一直不成功（如小区业委会），主要原因是信息不对称、集体行动成本高、② 辅助手段不成熟等。而伴随人工智能 2.0 兴起的创新范式"群智创新"能解决上述问题，因为它是利用大数据、物联网、云计算、人工智能、区块链等信息技术，跨越学科屏障，实现大众智慧集聚、完成复杂任务的创新过程。③ 有学者认为群智创新特别适合被应用在需要实现价值共创的场景，比如社会创新、④ 社区治理等领域，因为成功的公众协商对话需要参与者具备业务基础知识、额外的块状时间，更需要有调动积极性的激励机制。过去，由于缺乏信息技术的支持，公众参与共治的积极性普遍偏低、协商对话的效率也相对较低，这极大影响了协商对话作用的发挥。如今，借助群智创新技术，尤其是知识网络建模、用户参与影响因素、用户贡献度等方面的成果，⑤ 上述问题将不再是公众协商对话的障碍，更将充分调动公众的参与热情。在利用博物馆文创设计进行社会治理与文化治理的过程中，群智创新将充当重要的技术媒介，促进社会协商的开展，加速公共文化服务体系均质化的实现。

---

① 唐燕. 精细化治理时代的城市设计运作——基于二元思辨 [J]. 城市规划，2020，44（2）: 20–26.
② 何深静，汪坤. 广州商住小区业委会发展特征、治理效能及其影响因素 [J]. 热带地理，2015，35（4）: 471–480.
③ 罗仕鉴. 群智创新: 人工智能 2.0 时代的新兴创新范式 [J]. 包装工程，2020，41（6）: 50–56, 66.
④ 梁存收，罗仕鉴，房聪. 群智创新驱动的信息产品设计 8D 模型研究 [J]. 艺术设计研究，2021（6）: 24–27.
⑤ 王磊，马龙江，彭巍，等. 群智创新社区用户创新能力分析 [J]. 科技进步与对策，2018，35（18）: 42–47.

第三节　博物馆学的理念沿革

一、国内外公共博物馆的肇始

博物馆最早可以追溯到古希腊时期，其英文"museum"中的"muses"指的就是缪斯女神。在古希腊神话中，缪斯是掌管音乐、诗歌、绘画等艺术的女神。在古希腊人眼中，博物馆是聚集了思想者的研究机构，也是学者们交流知识的殿堂。现代博物馆概念萌芽于文艺复兴时期，当时拥有巨额财富的美第奇家族（Medici）赞助了不少艺术家的创作。为了收藏艺术作品，美第奇家族建造了乌菲齐美术馆，达·芬奇、拉斐尔的绘画，米开朗琪罗的雕塑及不少大师的创作手稿等都成了该馆的藏品。乌菲齐宫的建立使博物馆从一个与缪斯女神息息相关的宗教性场所转变为以收藏为核心的场所。欧洲启蒙运动的兴起使得"平等""民主"的观念深入人心，越来越多的人希望私人收藏能对公众开放。在此背景下，皇室贵族纷纷将自己的收藏捐赠给高等院校，如英国贵族阿什莫林将其毕生收藏的武器、货币、服饰、徽章、出土文物、美术品、民俗物件、动植物标本等悉数捐给了牛津大学，建立了世界上第一座现代博物馆——牛津大学阿什莫林艺术与考古博物馆（the Ashmolean Museum of Art & Archaeology）。自此，私人化的收藏开始向普罗大众开放。[1]

在我国历史上也存在博物馆的雏形。早在周朝，我国就有"玉府""天府"等收藏文物珍品的地方；到汉代，皇帝更是建立了"天禄""石渠""兰台"等三大图书文物馆；及至宋代，几乎所有有名的文人都有收藏书画的喜好，开启了私人收藏的新篇章；明代，随着商业化的兴起，私人收藏就如商品一样被频繁交易，此时甚至出现了对文物造假的记载；在清代，私人收藏古物已成为一种新时尚，此时，金石研究、文物鉴赏发展迅速，促进了近代文物学的发展。在公共博物馆尚未出现的古代，文人雅集扮演着类似于今日展览的观赏功用，文

---

[1] 池永梅. 公共博物馆在欧洲的起源 [D]. 厦门：厦门大学，2018.

人雅士的集聚地私家园林或风景名胜地成了当时的"博物馆"①。到近代，鸦片战争的炮火震醒了沉睡的中国人，当时的文人志士开始将西方的风土人情介绍到我国，博物馆也是对象之一，他们希望通过将西方先进的做法引进我国以实现社会教育的目的。此后，以康有为、梁启超为代表的维新人士大力倡导博物馆建设，在他们的建言献策下，光绪皇帝于1898年批准了有关博物馆筹建的主张，但保守派的反扑、政局的混乱使得我国第一间自主建立的博物馆推迟到1905年。②辛亥革命后，各地建造博物馆的浪潮高涨，1912年7月，北京国民政府教育部设立了"国立历史博物馆（中国国家博物馆前身）筹备处"，这是我国第一个由政府筹建并直接管理的博物馆。此后，为接收清廷旧藏，建立了故宫博物院，翻开了中国博物馆发展的重要一页。

二、博物馆学领域的传统主张

（一）博物馆研究发展史

为了更好地处理公共博物馆发展所面临的问题，研究博物馆的专门学科——博物馆学诞生了。我国知名博物馆学专家安栾顺认为：国际上，博物馆学的发展分为三个阶段：前科学时期、经验描述时期、理论合成时期。在前科学时期，博物馆学注重的是文物收藏技术、文物保护方法、著录、展览设计等方面，对这些方面的研究往往是借助直觉来完成的，相关成果需要通过验证才能发现错误进而改进。在此阶段，面向博物馆实践的方法学比面向理论构建的博物馆学更受重视，可见此阶段的博物馆学属于应用科学的范畴。在此后的经验描述时期，学者开始研究博物馆的自身特征，博物馆的社会教育功能被逐渐重视；同时，博物馆工作的研究成果也以工作手册、工作总结等形式呈现。此阶段，博物馆学家尝试建立一门独立的博物馆学，但是并未得到广泛的认可，

---

① 刘涤宇.中国古代赏鉴活动的空间性——以四卷香山九老雅集题材画作为例[J].装饰，2018（8）：49-53.
② 第一家由中国人自主创办的公共博物馆是南通博物苑，是张謇于1905年所创办的，该博物馆至今仍在运营，是我国首批国家级博物馆之一。

因为此时的博物馆学仍是工作理论，仅是一门方法学，还无法升格为一门科学。在理论合成时期，关于博物馆学是不是一门科学的争论已经无关紧要，因为它已经作为一门学科存在。既然博物馆学科的大旗已经竖起，学者的研究志趣开始转向，集中关注博物馆学知识的内在逻辑与社会的客观需求两个层面的内容，其中，知识对象问题是前者的重要内容。

早在 20 世纪 60 年代，国外博物馆学家就把"博物馆工作的全部"定义为博物馆学的知识对象；1965 年后，虽然关于知识对象的研究不胜枚举，但对知识对象的理解还是没有达成共识。在这一时期，不同学科与博物馆学交叉，再加上区域间存在文化与社会的发展差异，因此形成了不同的博物馆学亚类，但这些亚类间难以达成共识，各自为政，无法整合为完整的体系。不过，有不少学者对此阶段的知识对象进行了分类，其中一种比较典型的分法将博物馆的知识对象分成了五类：一是对博物馆目的及其组织的研究；二是对保护和利用文化与自然遗产的研究，秉持的观点是博物馆学是一门侧重记录的社会科学；三是对"博物馆物"（musealia）的研究，该研究旨在发现最能代表社会价值的记录并尽心保存，秉持的观点是博物馆物是实现将历史、现在与未来结合的载体，其在此后的一段时间内都是博物馆学的主要研究方向；四是对人类与物之间特殊关系的研究，随着新博物馆学的兴起，这一领域逐渐成了博物馆学的主要研究方向；五是对博物馆机构的研究，其主要是对博物馆功能的研究，但得出的只是学科发展初期的感性观点，严格说并不是博物馆学的知识对象。[①]

与国际上博物馆学的发展不同，我国的博物馆研究经历了"兴起、衰落、再兴起、再衰落、新的兴起"这样三起两落的曲折过程。第一次兴起是 20 世纪的前三十年，当时博物馆研究的两大特征是向西方学习、突出博物馆的社会使命；第二次兴起是新中国成立后，其主要特点是向苏联学习、突出博物馆的政

---

① 安来顺. 国际博物馆学基础理论研究中两个核心问题的述评——理论博物馆学读书笔记之一 [J]. 中国博物馆，1992（4）：10–21.

治使命、尝试对中国博物馆理论进行概括；第三次兴起是改革开放后，当时的主要任务是创建有中国特色的博物馆学，并特别强调博物馆的文化使命。①

从中外博物馆学的发展来看，不论是西方还是中国，博物馆藏品在社会教育、知识传播中都发挥了积极的作用，这一直以来都是博物馆学所强调的重要内容。虽然在表面上，中国博物馆学经历了从社会使命到政治使命，再到文化使命的转变，但文化使命强调的是党所领导的大众文化，其不仅有意识形态治理方面的内容，也有社会治理的含义，更有文化可持续发展的任务，因此，上述三个使命的转变仍然可以视为一体，即强调博物馆的"文化治理"属性。

（二）博物馆物的提出

"博物馆物"是传统博物馆学的重要内容。在学术上，它阐释的是如何发现被博物馆所收藏的文物所具有的独特意义、价值及由此产生的情感认知，这种独特的意义与价值也被称为博物馆性（museality）。物品的博物馆化（musealization）是指将物品转化为博物馆物的过程，这是一个"去语境化"的过程，也是一个"去功能化"的过程。因此，经过博物馆化后的物品通常丢失了实用性与工具功能，成了服务于精神层面的"无用之物"，即成了"奢侈品"。与私人收藏不同，社会性收藏的价值判断更依赖于对社会历史与遗产的认识，那些承载着社会记忆的物品成了首先被关注的物件。对博物馆文创产业的设计师而言，应该先关注文物的功能与形式，还是文物的价值与意义呢？尽管答案可能是多元的，但基于博物馆物的发问却为博物馆文创产品开发提供了价值引领，指导了文创之"物"的设计。依此脉络观之，公共博物馆的本质是藏品利用的公共化，强调藏品是面向每位公民开放的，暗示了博物馆的开放性与包容性，这种暗示催生了 20 世纪博物馆学最重要的特征之——对观众的研究。② 逐渐地，"人"取代了"物"，开始成为博物馆学的中心，也就导致了新博物馆学的萌芽。

---

① 苏东海.中国博物馆学研究综述[J].中国博物馆，1993（4）：27–31.

② 严建强.从秘藏到共享：致力于构建平等关系的博物馆[J].中国博物馆，2020（2）：3–10.

三、博物馆学领域的新兴理念

新博物馆学（New Museology）是指一套与传统博物馆学有较大区别，特别强调博物馆社会使命的博物馆学理论。这个名词首先出现在彼得·弗格（Peter Vergo）的《新博物馆学》中，他对新博物馆学的定义是建立在对旧博物馆学批判的基础上的，他认为新博物馆学是因为对旧博物馆学的"重方法、轻目的"做法不满而自立门户的结果。美国博物馆学家哈里森（Harrison）指出，新博物馆学的中心不再是传统博物馆一向奉为圭臬的文物典藏、保存、陈列等功能，而是转向对社群与社区需求的关注。这样的转变之所以在博物馆学中出现，除了与博物馆意识到其应体现"民主"与"公共性"外，还与当时的社会思潮密切相关。20 世纪 70 年代，全球范围内环境问题日渐突出，国际博物馆协会于 1972 年特地召开了以"博物馆与环境"为主题的国际会议，关注自然环境的生态博物馆（eco-museum）概念应运而生，由于自然环境与人文环境密切相关，文化遗产也被列入博物馆的保护范围。[①] 虽然 19 世纪与 20 世纪之交时，博物馆已经开展了社会教育革命，但直到 20 世纪 70 年代，博物馆物仍然没有走进社区，博物馆的教育内容与社区民众的需求仍然相去甚远。与此同时，科技的发展驱动着人们主动进行知识更新，"终身学习"成为时代关键词。作为知识传播机构的博物馆，秉持服务社会的价值主张，开始成为大众"场馆学习"的载体，[②] 社会教育也逐渐成为博物馆的重点任务。在新博物馆学的观念中，教授观众如何获取知识、运用知识、创造知识，并培养他们的创新能力成了社会教育的主要目标，这就意味着博物馆的社会教育活动并不仅仅是以传递知识为最终目标，更是要求博物馆成为观众创新能力的培养中心，这也是对新时代博物馆领导力的必然要求。[③] 若以文创语境来理解的话，这就等同于要博物馆培养其观众实现文化

---

① 甄朔南.什么是新博物馆学 [J]. 中国博物馆，2001（1）：25-28，32.
② 郑旭东.从博物馆教育到场馆学习的演进：历史与逻辑 [J]. 现代教育技术，2015，25（2）：5-11.
③ 莫里斯.当代博物馆的领导：理论与实践 [M]. 沈嫣，译.上海：复旦大学出版社，2022.

创新的能力，也暗指博物馆文创工作不能只关注其经济性，也要关注其社会性。可以说，这也是博物馆文创工作最需要完成的社会使命之一。

综上所述，"人"是新博物馆学最重要的研究对象，改善社区中人与人之间的相互关系也成了新博物馆学的研究内容，包容性、开放性是新博物馆学最鲜明的价值主张，学习是实现上述价值主张最重要的途径。从新博物馆学语境看，根植于新博物馆学语境的博物馆文创，应该辅助博物馆教育活动的开展，致力于社区关系的构建与提升；同时，也要关注社区中的弱势群体。也就是说，博物馆文创产品是博物馆社会教育的辅助工具。博物馆文创产品除了满足作为商品被销售、传播博物馆文化、让观众实现"将博物馆带回家"的诉求外，还要实现对观众文化创新的引导，即要求博物馆文创产品本身也要成为能使观众进行文化创新的启发物与引导者。此外，富有创意的博物馆展览不仅要传递地方与社区的历史文化，也要成为社区中人与人关系的连接体与桥梁，使自身成为社区对话协作的平台与场所，这也正是新博物馆学所倡导的博物馆功能；同时，博物馆文创产业在发展中应关注弱势群体的发展，如协助地处偏远的少数民族借助博物馆文创产品的开发实现经济收入的增加，以产业发展成果反哺城乡公共文化体系均质化建设，而这与前文所提的国家文化治理体系与治理能力现代化建设目标也是相匹配的。

第四节 文化创意的概念拓展

一、文化创意产业在中外勃兴

国际上，文化创意并没有明确的定义，这在对其产业的称呼上体现得尤为明显，英国称为"创意产业"，德国称为"文化创意经济"，美国称为"版权产业"，日本则是"内容产业""创意产业"并用，我国中央文件中多称为"文化产业"，而地方政府与学界却大多习惯称之为"文创产业"。① 一般而言，文化产业被认为源于西方马克思主义法兰克福学派代表人物阿多诺（Adorno）和霍克海默（Horkheimer）在《启蒙辩证法》中提出的文化工业（culture industry）概念，但它是个贬义词，批判的是批量化生产的文化产品对大众意识形态的操弄。而今日的文化产业，摆脱了文化工业的负面形象，成为举世瞩目的新兴产业。出现这样的新转变主要还是由于文化研究的视角不同。②

20 世纪 40 年代，国际学界对文化的研究主要有以下两个路径：一是应用对策研究，学者主要研究文化产业的发展战略问题，即从文化产业发展全局出发，探讨文化产业发展中的规律，并研究文化发展全局中各个局部因素间的关系，并为产业发展提供对策思路；二是基础理论研究，关注的是文化产业的社会功能，即分析文化产业这种存在形式对人类精神文化领域的影响、作用与价值。然而，第二个路径的研究却分化出两个截然不同的结论：以法兰克福学派为代表的"悲观结论"与以伯明翰学派为代表的"乐观结论"。

其中，悲观结论认为：文化工业筑起了资本主义思想观念的天罗地网，以其特定的意识形态要素潜移默化地取代了个人的思想，使个体心甘情愿地被纳入资本主义的运作体系，从而调和了大众对社会的不满情绪，培养了个体的顺从意识。他们认为法西斯的政治宣传与文化工业是相似的，前者是通过催眠与认同作用实现无意识的心灵共鸣，后者是通过隐藏信息，将统治意识形态潜移默化地渗透到大众的无意识中去。起初，西方马克思主义另一个重要流派的伯明翰学派③与法兰克福学派的研究在立场上并没有差异，但从 20 世纪 80 年代中期开始，两者之间出现了明显的分野。促成这一分野的主要原因是两者所处的时代环境的巨大差异，其中导致这种转向的关键人物是安东尼奥·葛兰西

---

① 钟婷，施雯，等.文化创意产业 20 年 [M].上海：上海科学技术文献出版社，2018.
② 苏明如.文创与城市：论台湾文化创意产业与城市文创观光 [M].台北：五南图书出版股份有限公司，2016.
③ 宗祖盼.缘起、发生与变迁：西方文化产业观念的再考察 [J].贵州师范大学学报（社会科学版），2020（5）：110–119.

（Antonio Gramsci），他将"领导权"概念引入伯明翰学派的研究中，引发人们对文化产业社会功能的重新思考。然而，两个学派对文化工业或文化产业的研究并非不可调和，它们的论述恰是一枚硬币的两面，法兰克福学派强调了文化工业的意识形态控制的消极功能，伯明翰学派则强调了文化产业对大众进行引导的积极功能。[①]

在伯明翰学派对法兰克福学派文化工业进行扬弃后，创意经济登上了世界舞台。创意产业是20世纪90年代末英国布莱尔政府开始扶持的一种新的经济增长方式，这种方式有别于以环境资源消耗为代价的传统经济，具有高附加值、低能耗的特点，在英国推出后立刻风靡全球。虽然目前还没有确凿证据证明是伯明翰学派促成了英国创意产业的诞生，但可以肯定的是该学派与英国的文化政策密切相关，因为伯明翰学派的文化研究关注到了人的创造性与创意层面，而这为英国创意产业的萌芽提供了理论基础。[②]虽然从政治上看，布莱尔政府推动创意经济是其所在的新工党为树立政党形象而采取的一项措施，但创意经济的出场却是一种双赢的结果，既进一步完善了英国的公共文化服务体系、推动了社会与文化的创新，又促进了该国在产业与经济上的可持续发展。

视角转回国内。自鸦片战争以来，中国的文化自信逐渐衰弱，虽然改革开放后居民收入有了大幅提升，但精神文明建设却明显滞后。2001年，中国加入世界贸易组织，迎来了与世界经济接轨的发展机遇。在此背景下，2002年，党的十六大正式提出了"文化产业"的概念。从党的十六大召开后到十八大召开前夕的这段时间内，中国文化产业进行了多次政策制度体系建设与调整，在此期间，国家出台的文化政策多达466个。[③]党的十八大以来，习近平总书记多

---

① 陈立旭. 文化产业社会功能：英国文化研究与法兰克福学派的分野 [J]. 中国文化产业评论，2011，14（2）：141-158.

② 朱珊. 创意经济与英国伯明翰文化学派——写在伯明翰学派解散十周年之际 [J]. 江苏社会科学，2013（3）：109-112.

③ 谢秋山，陈世香. 我国文化政策的演变与前瞻 [J]. 中南大学学报（社会科学版），2014，20（4）：197-202.

次强调要实现中华优秀传统文化的创造性转化、创新性发展，中国发展文化产业成了时代需要。[①] 在文化产业中，博物馆作为重要的文化机构，承担着中华优秀传统文化创造性转化、创新性发展的重任，也就要求新时代的博物馆要承担起促进我国文化创新的责任。这意味着博物馆文创开发不能仅以产业收益为导向，而是要以文化创新为工作指引；同时，还意味着博物馆承担着对观众进行创新能力培养的重责。这是博物馆社会教育在新时代的新形式与新内容，与清末"开民智"的知识介绍型的社会教育是有明显差异的，相比之下，前者对博物馆的社会教育提出了更高的要求。

二、中国的文化创意产品概念

在 21 世纪的头十年，在国家政策的引导下，各地兴建文创园区，大部分文创园区都由工业厂房改建而来，其在活跃城市文创氛围上的积极作用不容小觑。不过，这些园区都属于硬件设施，而文创产业是内容产业，如果缺少了内容的生产，文创产业就只是个空壳。21 世纪的第二个十年，尤其是后半段，迎来了中国文创内容的生产高峰，也是文创产品井喷的时期，其中，以博物馆文创为代表的文创产品更是这个时代的缩影，甚至业界有人将 2018 年称为"博物馆文创元年"[②]，由此可感受到博物馆文创产业迅猛的发展态势。就如文创产业的定义至今模糊一样，文创产品的定义与分类也含糊不清。为便于读者了解本书的研究对象，下文将对文创产品及相似概念做简要的辨析并进行分类。

（一）文创产品

知网上，文创产品文献关键词共现网络图显示，"文创产品"与"博物馆""旅游纪念品"存在如下关系：一是文创产品与博物馆存在强联系。这说明两者常连用，即"博物馆文创产品"。二是文创产品与旅游纪念品是弱联系，与

---

① 张爱红，郭梓锋. 现代化视阈下中国文化产业的变迁及其动力分析 [J]. 当代世界社会主义问题，2021（4）：75-90.

② 黄翘楚，宁迪. 文创 2.0 博物馆冲破 "四堵墙" [N]. 中国青年报，2019-08-27（9）.

地域文化存在直接联系。这说明文创产品与旅游纪念品存在相关性，关联点为地域文化。[①] 由于佐证图丢失，上述论述缺乏足够的说服力。不过，检索于 2022 年 10 月 17 日的"博物馆文创"文献计量可视化分析结果从另一角度佐证了这一现象（见图 1-1），即"博物馆文创"字眼的出现频次要比"旅游文创产品"[②] 多。同时，网络图中出现了"台湾""两岸"等字眼，出现时间多在 2013 年，或与台北故宫博物院的"朕知道了"胶带有关。

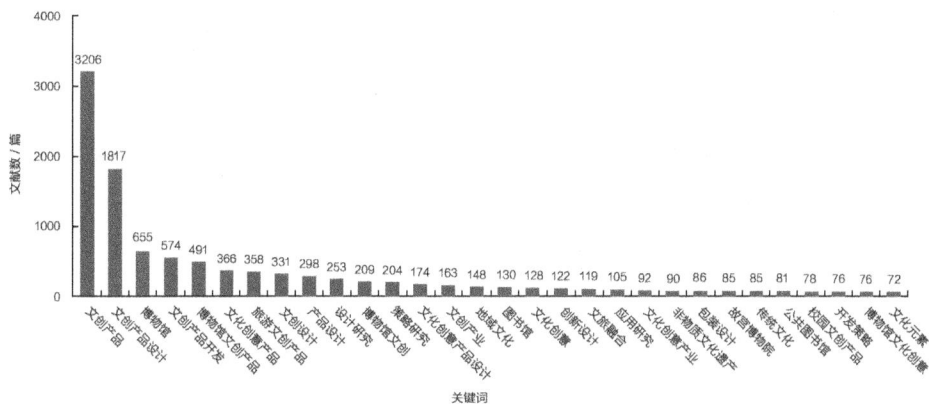

图 1-1 知网上"博物馆文创"的文献计量分析结果

（二）文化礼品、城市礼品

最早涉及"文化礼品"的文献是 1963 年的《拉丁美洲的工艺品》，[③] 该主题文献在 2013 年后数量开始下滑，此时恰逢文创产品兴起，这或许能说明多数研究者认为文创产品与文化礼品相关，也可以从故宫博物院前院长单霁翔对曾经的故宫文创产品的评论——过去故宫的文创产品，只有文化并没有创意[④]——中得到间接证据。在文化礼品文献关键词共现网络图中，"礼品包装"是中心节点，外延是"包装功能""设计定位""地域文化""设计创意"等，可

---

① 程辉. 以"文创产品"为主题的文献综述研究之一 [J]. 工业设计，2018（2）: 29-30.
② 设计学者们一般都认为"旅游文创产品"是"旅游纪念品"的变体，两者含义相同。
③ 李良. 拉丁美洲工艺品 [J]. 美术，1963（4）: 40-69.
④ 2017 年 5 月 25 日，故宫博物院院长单霁翔在上海交通大学"世界博物馆长文博讲堂"上的发言内容。

见包装设计研究是文化礼品研究的重点，"文化性"是首要的，相对而言，"创意"是次要的。此外，正如相关文献所揭示的，文化礼品还包含工艺品，这就意味着文创产品无法与文化礼品等同。

在文献关键词共现网络图中，还可以发现"城市礼品"与"文化礼品"存在一定关系，城市礼品是指有明确设计定位的、能体现城市文化的礼品。它也是文化礼品的分支，但有被文创产品取代的趋势，其所关注的区域文化研究对文创产品研究颇有裨益。

（三）旅游纪念品

国内关于"旅游纪念品"的研究成果最早出现在 1983 年，[①] 其研究史虽比文化礼品稍短，但文献更多。本领域已形成了大量跨学科研究成果，是文创产品研究最重要的前期成果。关注该领域的主要学科有旅游学、设计学、经济学、管理学等，但研究方向各不相同。

1. 旅游学

由于该学科较早就关注了旅游纪念品，这类研究成果都已成为下载量、引用量相对较高的经典文献，相关研究包括：旅游纪念品的定义、分类、意义、现状及发展对策等，但大量文献的发表时间都集中在 21 世纪第一个十年。

2. 设计学

设计学是关注旅游纪念品领域最多的学科之一，[②] 该学科普遍认为旅游纪念品是博物馆文创产品在前一阶段的称呼。[③] 该学科主要从产品造型、包装设计、设计定位、设计创意、文化特征提炼等维度切入，并结合产品符号学、产品语义学、设计文化、交互设计、情趣化设计、品牌形象设计、叙事学设计等理论方法开展产品设计研究。

---

① 杨天赐.关于旅游商品的生产和销售 [J].江西财经学院学报，1983（3）：81-83.
② 琚胜利，陶卓民.国内外旅游纪念品研究进展 [J].南京师大学报（自然科学版），2015，38（1）：137-146.
③ 程辉.以"文创产品"为主题的文献综述研究之一 [J].工业设计，2018（2）：29-30.

3. 经济学

该学科主要从旅游纪念品产业及其对区域经济的影响等角度切入，相关成果特别适合为文旅融合场景下的文创产品设计理论提供支持。在旅游纪念品的相关词中也出现了"文化产业""文化创意产业"等字眼，印证了旅游纪念品与文化创意在学术研究中存在一定关系，这或许也是文旅融合的理论依据。

4. 管理学

该学科主要研究旅游纪念品的营销，相关成果与"旅游体验"存在强关系。关于旅游体验的文献很多，尤其是基于体验经济的体验型产品的开发策略研究值得今天的文创产品开发借鉴，也为文创产品的体验营销研究奠定了基础。

今日，景区大多数新设计的旅游纪念品都具备文创产品的特征，即产品既体现了当地的文化特征，又有创意的成分。多数时候，两者甚至指向的是同一件产品，其差异仅是视角层面上的：旅游纪念品以纪念性为重要特征[1]（或称为地方性[2]），文创产品则以文化创意为重要特征。前者重"纪念"，后者重"创意"，两者并非同一维度，但存在不少交叉之处，造成部分旅游纪念品像文创产品，而部分文创产品又有纪念意义。

（四）衍生品、周边产品

最早使用"衍生品"的是农业科学领域，而使用最多的则是金融学，即"金融衍生品"。衍生品于 1999 年首次在文创产业中使用，是与"影视"结合[3]，这类产品也属于"文创产品"。此后，常与"动漫""艺术""电影"等连用，即"动漫衍生品""艺术衍生品""电影衍生品"。不过，更被人们所熟知的说法是"IP 衍生品"，这类产品在业界开发较多。

周边产品与衍生品的含义相似，但在共现网络图中发现其与"周边游"的

① 程辉. 基于产品视角的旅游纪念品设计探析 [D]. 杭州：浙江理工大学，2015.

② 吴霞，卢松，张业臣. 国内外旅游纪念品研究进展 [J]. 云南地理环境研究，2015，27（3）：25–32.

③ 倪娜. 儿童节目衍生品在发展电视产业中的意义 [J]. 中国电视，1999（12）：37–38.

相关性较强。周边产品首次出现于能与动漫衍生品互换的语境中，[①] 此后，其学术使用率一直很低，更多时候是出现在口语中。

由上述分析可知，文创产品、文化产品、城市礼品、旅游纪念品、衍生品、周边产品等概念相互交叠，尝试将它们进行严格的区分，既不现实也无必要。不过，我们可以从中发现博物馆文创产品的多种功能维度，它虽然是文化机构推出的文创产品，但大多数情况下也具备"纪念性"，也可以称之为旅游纪念品；同时，博物馆文创产品也可以被政府部门作为所在地的"城市礼品"来馈赠嘉宾。此外，还需注意到，文创产业也可以与电影、动漫等相融合，成为影视创作中的内容要素，形成跨界合作，甚至共同推出 IP 衍生品，这体现了文创产品的多面性。

---

① 魏秀玲 . 我国动漫行业走向产业化势在必行 [J]. 中国科技信息，2006（9）: 313-314.

第二章　博物馆、文化创新、设计学科的治理经验

如前所述，文化治理包含两大视角：对文化活动的治理、文化参与社会治理。本章将参照文化治理的两个视角，分别归纳博物馆、文化创新、设计学科等的治理经验。

第一节　博物馆的治理经验

一、博物馆参与文化治理的经验

笔者将中国博物馆文创的发展历史划分为播种、孕育、萌芽、成长四个时期，并逐期对博物馆参与文化治理的角色进行了总结，将其归纳为协助者、旁观者、参与者、主导者。在下文的分析中，隐藏在博物馆文创发展背后的文化价值取向与文化治理责任也逐渐明确。

（一）播种期：博物馆作为文化治理的"协助者"

中国对西方博物馆的关注是从 1866 年中国第一批外交官访欧开始的。[①] 在此后的几十年，有不少著作向国人介绍了"博物馆"的概念，其中，维新派在博物馆概念引进上的功劳不容忽视，康有为重点介绍了博物馆在教育、审美与

---

① 俞伟超，苏东海，马承源，等 . 世纪之交的思考：考古·文物·博物馆 [J]. 东南文化，2000（1）：6–18.

收藏上的价值；郑观应在其《盛世危言》中，甚至把开办博物馆与修铁路、造轮船、开矿山相提并论。① 从他们的论述看，西方博物馆收藏的化石、仪器等都是推动科学进步的"功臣"，他们认为展示这些藏品能在社会层面烘托出创新与进取的文化氛围，而这也是他们认为西方强盛的潜在原因。他们当时坚信被封建思想所桎梏的国民正需要一种冲破思想束缚的力量，这种力量正好可以借助博物馆的文化熏陶作用来实现。因此，博物馆成了"开民智"的手段、救亡图存的强国方法。博物馆协助进行文化治理的理念继续在革命派的社会革新工作中发挥着深远的作用，开办博物馆最终被国民政府付诸实践，② 开启了官方办馆的先河。时任民国教育总长蔡元培就曾积极推动博物馆的社会教育工作。在他提出的"以美育代宗教说"中，虽未对博物馆的功能过多着墨，但仍数次肯定博物馆在"美育"中的积极作用，③ 这或许也是其将博物馆纳入国家教育体系的初衷。可以初步确定，在民国初年，博物馆的文化治理"协助者"角色逐步被确立。

自鸦片战争以来，国人的民族文化自信频繁受到挑战，尤其是在大量洋货来华后，它们在质量、价格、设计等方面的优势沉重地打击了我国民族工业的产业链，无情地打乱了我国消化吸收异域文化的节奏，迫使本土产品在疲于应对外来挑战、对异域文化消化不良的情况下采取了丧失自主性的模仿方式，④ 使社会大众产生崇洋媚外的心态，加快了国人文化自信的丧失速度。面对文化认同危机，南京国民政府于20世纪初发动了第一次国货运动，在这个过程中，各地的国货陈列所相继建立起来，虽然设立这种"准博物馆"⑤ 的直接目的是扩

———————————

① 苏东海. 中国博物馆学研究综述 [J]. 中国博物馆，1993（4）：27–31.

② 安来顺. 二十世纪博物馆的回顾与展望 [J]. 中国博物馆，2001（1）：5–17.

③ 蔡元培. 以美育代宗教说——在北京神州学会演说词（一九一七年四月八日）[J]. 中国音乐教育，1991（6）：40–41.

④ 时璇. 视觉：中国近现代平面设计发展研究 [M]. 北京：文化艺术出版社，2012.

⑤ 苏东海. 中国博物馆学研究综述 [J]. 中国博物馆，1993（4）：27–31.

大品牌影响、树立品牌形象，^①但其实质仍然是通过建立博物馆的方式达到对社会风气进行纠偏的文化治理目标。此外，国民政府通过在全国各地建造国货陈列所的方式，在社会中塑造了崇尚"国货"的文化氛围，通过展示民族实业成绩来传达"国货不逊于洋货"的信息，进而推动国人改变购物喜好。不可否认，国货陈列所这类准博物馆在第一次国货运动中扮演着重要角色，也是在此运动中，博物馆参与文化治理的"协助者"角色被进一步强化。虽然此时的博物馆没有今天常用的多媒体技术，但这些无声的展品却通过潜移默化的方式，培养了大众的审美趣味，在一定程度上，参与了民族文化自信的重建，与今日文化治理的初衷相同。或许，第一次国货运动对文化治理的深远影响在当时无法察觉，但在今日看来，面对西方列强的文化侵略，该运动积极探索了使中国元素与西方形式和谐相融的方法。虽然在形式语言上以照抄照搬居多，中国元素与西方形式的结合也多有牵强之处，但孕育了"美育""图案学"^②等文化治理思想与理论，其相关的实践活动对今日的文化治理产生了潜移默化的影响。

虽然处于播种期的博物馆界并没有明确提出"博物馆文创产品"的说法，但不少学者认为该概念早已有之。他们认为，文创产品是文化融合与创新的成果，今日历史博物馆的馆藏文物大多数属于此类，故将它们视为博物馆文创产品是顺理成章的。^③若此观点无误，那么，那些被放入国货陈列所的国货就可以被认为是当时的博物馆文创产品。因此，在某种程度上，当时博物馆文创产

---

① 李吉光.试论民国时期北京地区博物馆的作用与影响 [C]// 百年传承、创新发展：北京地区博物馆第六次学术会议论文集.北京：中国书籍出版社，2012.

② 陈之佛在《图案概说》中提到"图案在英文上就叫 design，design 的翻译是设计或艺匠"。因此，"图案之部"本身已经具备"设计之部"的含义。此外，当时的"图案"教学也与振兴国货有密切关系，上海美术专科学校、杭州国立艺术院、国立北平艺术专科学校的图案学教育中，均强调了"以图案设计振兴国货"的愿望（参见：王卓然.从工艺美术到图案之部——民国教育部第一、二次全国美展与中国近代设计之变 [J].装饰，2018（8）：132-133；夏燕靖，李华强.回到历史语境中真切认识陈之佛先生的艺术设计之路 [J].美育学刊，2019，10（3）：69-81；张磊.话语与场域：近代中国工艺美术的现代性阐释 [J].装饰，2019（1）：77-79.）。虽然在当时，设计先驱们并未直接提出"文化治理"的概念，但"图案"已参与了文化治理。

③ 王涛.巧器——中国古代的文创产品 [J].中国博物馆文化产业研究，2015（0）：289-292；陈轩.古代文创产品漫谈 [J].艺术设计研究，2020（1）：90-94.

品也以展品的形式参与了文化治理，让博物馆在其中扮演了"协助者"的角色。相较于今日大多数博物馆"最后一个展厅"所销售的博物馆文创产品多以营利为目的，① 当时的博物馆文创产品无疑拥有更丰富的内涵。

（二）孕育期：博物馆作为文化治理的"旁观者"

从新中国成立到改革开放前，博物馆是作为政治宣传机构参与国家治理的，② 由于这阶段并未涉及狭义与广义的博物馆文创产品，非本书研究主题，故本书将直接论述博物馆在世纪交替前后参与文化治理时的角色。本书将该阶段的博物馆角色定义为"旁观者"，并非指博物馆不参与文化治理，而是出于客观原因，博物馆界不再如前阶段一样积极主动，而是呈现出等待、观望、犹豫、不知所措的状态。

改革开放后，我国文化出现了多元化发展，并逐渐向半商品文化、商品文化转变，及至 20 世纪 90 年代，精英文化逐渐被边缘化，大众文化开始成为主流。文化产品借助批量复制，成为廉价的文化商品，③ 文化产业呼之欲出。面对大众文化崛起的新现象，两大研究文化的西方马克思主义学派受到国内研究者的重视。在孕育期，批判"文化工业"的法兰克福学派，④ 肯定"文化产业"的伯明翰学派 ⑤ 相继被引入我国，然而，由于上述两大流派所处的社会经济背景与我国当时的背景不同，因此不可避免地让国内学者或多或少对两者产生了语境上的误读、误用，⑥ 也或多或少对我国当时的文化建设工作造成了一定的干扰。21 世纪，世界各大经济体都面临经济转型问题。在此背景下，英国于 1997 年

---

① 程辉．"文化兴盛"目标下杭州文博文创产业培育路径研究 [J]．创意城市学刊，2021（1）：50-61.
② 徐玲．中国博物馆学学科发展的回顾与反思 [J]．东南文化，2014（5）：101-109.
③ 贺翠香．法兰克福学派在中国的影响及其意义 [J]．马克思主义与现实，2012（1）：132-138.
④ 陈立旭．文化产业社会功能：英国文化研究与法兰克福学派的分野 [J]．中国文化产业评论，2011，14（2）：141-158.
⑤ 宗祖盼．缘起、发生与变迁：西方文化产业观念的再考察 [J]．贵州师范大学学报（社会科学版），2020（5）：110-119.
⑥ 颜桂堤．近三十年中国"文化研究"：开放的话语场域与中国经验 [J]．文学与文化，2019（4）：101-110.

率先将创意产业视为其支柱性产业，这样的做法一时风靡全球。① 2001 年，我国加入了世界贸易组织。为了更好地接轨国际市场，2002 年，党的十六大对新时期的文化建设任务进行了诠释，将文化正式分为事业与产业两大维度。②

此时的中国博物馆，仍未摆脱计划经济与苏联"三部制"运营管理模式的影响，运作一度僵化。此外，与国内其他文化领域的现象相似，中国博物馆还出现了精英化、专制化、教育弱化等现象，博物馆的社会性、专业化都遭到了空前的挑战。③ 同时，误用二分法看待文化建设工作在当时的博物馆界更是主流，"博物馆能否发展文创产业"成了当时博物馆界共同关注的话题。④ 2008 年，博物馆免费开放政策实施，资金问题又成了博物馆需要面对的新问题，发展博物馆文创产业以填补博物馆运营开支开始成为博物馆的选项。⑤ 在多重压力下，虽然此时的博物馆仍旧在参与文化治理，但其参与公共文化服务、发展文化产业的主动性已明显不足，在一定程度上，这迫使处于孕育期的博物馆选择了"旁观者"的角色，直到台北故宫博物院的"朕知道了"胶带出现，大陆博物馆界才开始反思自己的"旁观者"角色。

虽然此时的博物馆并未积极而广泛地参与博物馆文创产业的发展，但与产品开发相关的设计学则在默默地为博物馆文创产业的发展奠定理论与实践基础。不可否认，设计学并不是一开始就有服务于博物馆文创产业的意识，之所以出现它默默耕耘的现象是因为学科在本土化过程中对中国现实问题的本能回应，当然，其中也夹杂着对解决物质渐丰时代，但社会大众精神文化需求未被满足这一现实问题的考虑。不可否认，在一定程度上，这也是为了满足市场需要的商业化策略。此时，恰逢北京申奥成功，国人的民族自豪感陡增，人们开始重新思考自己的文

① 钟婷，施雯，等 . 文化创意产业 20 年 [M]. 上海：上海科学技术文献出版社，2018.
② 全面建设小康社会，开创中国特色社会主义事业新局面（二）[N]. 人民日报，2002-11-18（4）.
③ 安来顺 . 二十世纪博物馆的回顾与展望 [J]. 中国博物馆，2001（1）：5-17.
④ 李林娜 . 博物馆文化产业发展的意义与原则 [J]. 中国博物馆，2003（3）：5-10；叶俊之 . 我国博物馆文化产业开发问题 [J]. 中国博物馆，2003（4）：39-42.
⑤ 王成晏 . 免费开放，让天津博物馆有点"尴尬"？[J]. 艺术市场，2009（11）：88-89.

化传统，一些传统文化符号开始出现在家用电器中，如在空调边缘装饰一些水墨竹叶、祥云等纹样图案。然而，这种将传统文化元素直接装饰在生活用品的方式给人们造成了传统与现代的错乱感，不少设计学者对这种落伍甚至是倒退的中西杂糅装饰风格进行了批评，[①] 这一现象被设计界抨击的另一个原因是它与当时已在中国发展近 20 年[②] 的现代设计及其成绩不相匹配。然而，当时的消费者并未对这样的产品提出批评，相反它们很受欢迎。可见在当时，想在生活用品上通过结合传统文化元素进行再创新的想法还不具备广泛的群众基础。从 1999 年起，我国开始实施五一、十一黄金周政策，大众旅游休闲开始成为刺激消费、拉动内需的措施。随着旅游活动的升温普及，作为旅游消费主要组成部分的旅游纪念品，因其同质化现象开始被游客抱怨，[③] 这也包含故宫博物院等有旅游地属性的博物馆所销售的早期文创产品。为解决此问题，旅游纪念品设计开始成为"中国传统文化现代化表达"专题设计实践教学的内容之一。[④] 在此期间，有关大量该主题的设计学位论文相继发表。[⑤] 虽然从设计对象上看，旅游纪念品与博物馆文创产品之间存在场景上的差异，但正如前文所述，这两者只是看待事物的视角存在差异，其本质是一致的，故相关的设计方法仍是相通的。在博物馆文创的孕育期，博物馆与设计学之间并未就博物馆文创产品的设计开发议题进行过密切接触，但设计学在博物馆旁观时所积累的前期成果为博物馆文创产品的开发积累了较丰富的设计方法，也直接助推了后面的"博物馆文创热"。

---

① 杭间，何洁，靳埭强 . 岁寒三友：中国传统图形与现代视觉设计 [M]. 济南：山东画报出版社，2005.

② 杭间 . 中国设计学的发凡 [J]. 装饰，2018（9）：19-22.

③ 薄小波 . 旅游纪念品"千篇一律"几时休 [N]. 文汇报，2006-05-03（2）；闫洁 . 旅游纪念品何时不再千篇一律 [N]. 中国科学报，2014-10-10（3）.

④ 冯冠群 . 中国风格的当代化设计 [M]. 重庆：重庆出版社，2007；陈原川 . 中国元素设计 [M]. 北京：中国建筑工业出版社，2010.

⑤ 程辉 . 以"文创产品"为主题的文献综述研究之一 [J]. 工业设计，2018（2）：29-30；程辉 . 基于知网搜索结果的"文创产品"主题文献综述研究 [J]. 设计，2018（15）：80-83；程辉 . 基于产品视角的旅游纪念品设计探析 [D]. 杭州：浙江理工大学，2015.

（三）萌芽期：博物馆作为文化治理的"参与者"

理解博物馆文创产业不能局限于博物馆文创产品本身，而是应该从国家文化创新、国人创新意识培养等宏观角度审视文创产业在博物馆参与文化治理中产生的深层影响。2008年，我国台湾地区出品的"没有历史包袱感"[①]的博物馆文创产品成为大陆新闻媒体报道的对象，而故宫博物院的文创产品却遭到了一定的批评。虽然这些评价有失公允，但显然，博物馆文创开始被消费者关注，中国传统文化现代化表达的群众基础逐渐形成，这无形中助推了博物馆开展文创工作的积极性，博物馆文创开始进入萌芽期。

面对产品创意不足、设计水平低等问题，博物馆开始通过与设计院校开展广泛交流的方式来寻求专业帮助；同时，为收集更多创意想法，大陆博物馆界普遍借鉴了台北故宫博物院的文创产品开发做法，开始举办博物馆文创产品设计大赛，开设文创工作坊，虽然在实施过程仍有诸多不足，[②]但在一定程度上也反哺了设计学的人才培养工作。经过几年的实践，博物馆界发现，这种自主开发的方式并不能满足人民群众日益增长的文化消费需求。此外，在产品工艺、材料、质量、价格等方面，博物馆也面临不少消费者的抱怨与投诉。同时，受限于开发资金来源、经费使用管理办法、激励机制等客观因素，有些国内博物馆先行先试，开始采用国际上流行的"商业授权"模式进行文创产品开发。这种开发模式的重要变革，不仅有助于提升产品设计、开发、销售的专业性，让博物馆文创产品走入日常生活，也有助于博物馆在发展新业务时不丧失自身角色与功能定位。从亲自设计开发文创产品中抽离，转变为文创产品开发的监督者与管理者，博物馆更有精力思考文创产品的发展方向，更有精力实现文创产品开发与社会教育的有机融合。

博物馆除了要参与对文化内容的治理外，更重要的是借助文化手段进行治

---

① 林雅萍. 金士先营销"台北故宫博物院"[J]. 华人世界，2009（12）：58-61.

② 程辉. 商业授权下的博物馆文创设计竞赛赛制优化研究[J]. 中国博物馆，2020（1）：19-23.

理。因此，思考文创产品开发与社会教育的融合是博物馆界需要完成的时代课题。为促进这样的整合，新的博物馆文创理念需要被建构。可喜的是，在文创产品开发实践中，这类提倡整合的博物馆文创产品开发观已悄然萌芽。2007年，在"博物馆文化产品"研讨会上，时任国家文物局博物馆司司长宋新潮提出了"展览＋产品"的博物馆文创观。[①] 在此基础上，2017年，时任南京博物院院长龚良提出了"展览＋产品＋教育活动"的"文博大文创"理念，[②] 并成为江苏省博物馆文创产品开发的特色。近几年，该理念在国内各大博物馆的业务开展中都能找到身影。不管是策展人导览、手工制作课程，还是专题讲座、工作坊等形式的教育活动都与博物馆的展览相匹配；同时，文创产品也成为"最后一个展厅"的标准配置。[③] 2022年五一期间，在杭州博物馆开展的"发髻的宋潮"青少年教育体验展就是其中一个典型案例。虽然观众在该展览中见不到任何宋朝的文物原件，仅能通过卡通化的展板进行观展，但该展览设计了诸多互动体验形式。进入展厅前，观众需先在馆内若干展览预热点进行"打卡"，完成后将获得一本包含观展线索的"宝典"，这其实是一份纸质版的导览手册，相较于在进门处随意取阅的展览折页而言，这种发放形式能使观众更认真地对待导览材料，同时，也增加了互动性。在展览中，策展人还设置了多样化的游戏与活动，如与宋朝人合影、榫卯搭建、书法练习、诗词朗诵、美食制作等，应有尽有。此外，该展览的文创产品则直接在出口处售卖，这种沉浸式的购买场景无疑推动了文创产品的销售。

在各地取得了不错反响的展览，大多数都是采用类似的模式。在此模式中，是否有重量级藏品不再是展览能否成功的关键，而真正的要点是能否借助创意手段将教育活动、展览内容、文创产品打包成吸引观众的公共文化服务，

---

① 国家文物局博物馆司博物馆处."博物馆文化产品"研讨会综述 [N]. 中国文物报，2007-10-26（6）.

② 龚良.正确理解博物馆文化创意产品开发 [N]. 中国文物报，2017-09-26（5）.

③ 程辉.杭州市博物馆文创产业发展现状及对策研究 [J]. 创意城市学刊，2020（1）：74-82.

是否真正实现博物馆与观众、社区的交流互动，这种走出象牙塔的"文博大文创"模式，不仅在学理上符合新博物馆学关注"人"与"社会"关系的方向与要求，也在文化治理中扮演了更积极、更全面的社会教育角色，让博物馆在萌芽期成为名副其实的"参与者"。在这一过程中，不仅有大量文创产品产出，也对博物馆人在管理、策展、活动设计等多维度的创新意识进行了激发，而后者才是博物馆开展文创工作的重要目标，但往往不被重视，甚至有时只谈文创工作的经济效益，而忽视了更重要的社会效益。

（四）成长期：博物馆作为文化治理的"主导者"

协助者、旁观者、参与者都不是博物馆参与文化治理的理想角色。作为公共文化服务的提供机构，博物馆有责任在文化治理活动中扮演"主导者"的角色，这种角色要求博物馆不仅仅关注自身的业务工作，还应该将自身发展主动嵌入文创产业、文化事业的建设中。在此方面，台北故宫博物院是典型案例，该博物馆的文创工作之所以能发展出参与文创产业顶层构建的策略，主要与台湾地区文创的"社区营造运动"有关。该运动最初是为了解决旧社区空心化、老龄化等社会问题，[1]后来，通过采取因地制宜的文化发展策略，台湾各地逐渐形成了以"一乡一特色"为特征的地方文化产业，在与博物馆的双向互动中，这些地方产业的独特产品与工艺融入博物馆文创产品中，通过博物馆的营销平台，实现了文创增值。可见，台湾博物馆文创产业在推动城市更新等方面积累了丰富的实践经验。

但是，在大陆拥有如此高文化治理参与自觉性的博物馆并不占多数。作为全国三个乡村博物馆建设的试点省份之一，截至2022年10月，浙江省已分三批公布了464家乡村博物馆。浙江省文物局号召省内的头部博物馆，以类似于结对帮扶的方式来辅助各地乡村博物馆的建设工作。如浙江省博物馆组建了乡村博物馆建设工作专班，多次赴省内各地，就乡村博物馆的藏品管理、展陈设

---

① 蓝丽春，邱重铭，王俊杰.文化政策下的台湾文化产业嬗变[J].嘉南学报，2009（35）：437-451.

计、开发服务等业务进行指导，对乡村文化治理做出了应有的贡献。^①当前，国内大多数博物馆在文化治理中的角色定位仍是以"参与者"为主，缺乏"主导者"心态。这或许是受限于目前的管理体制的束缚。在参与文化治理时，国内博物馆普遍缺乏主动性与雄心壮志，更多的是按照上级主管部门的要求，习惯了自上至下的任务执行模式。然而，包容性博物馆、参与式博物馆、社区博物馆等国际上新兴的博物馆理念都不约而同地要求博物馆积极主动地接触社会、连接居民、发动更多人参与博物馆活动、加强沟通对话与协商。换言之，这就要求博物馆要以"主导者"形象参与文化治理；也就是说，这不仅要求博物馆积极参与文创产业发展，也要求馆方借助"文博大文创"等文化手段参与社区对话，对社会大众进行治理。此外，中国文化创新也需要博物馆在其中扮演"主导者"的角色，在该项任务中，博物馆需要通过"文博大文创"恢复大众的文化自信、激发观众的创新意识，引导他们主动参与对传统文化内容进行新诠释的工作，这就意味着博物馆不仅要向观众提供尽可能多的文物素材、提供文创的典型样本与做法，也需要培养大众文化创新的能力。这才是在博物馆文创成长期，博物馆以"主导者"形象参与文化治理时要完成的，也是国际上博物馆学者的共识。^②

不论是协助者，还是旁观者，抑或是参与者，都与博物馆参与文化治理的理想角色"主导者"相去甚远。如何让博物馆适应"主导者"形象定位并加快发挥其应有作用，需要国家政府与博物馆界齐心努力。在中美经贸冲突的背景下，两国在文化层面的较量将是场持久战，如何在守好意识形态基本盘之上，增强我国文化的影响力，是一个重要议题。在新时代，中国博物馆作为使命型

① 曹捷.浙江省博物馆乡村博物馆建设指导专班赴临平、余杭和建德开展调研[EB/OL].（2022-05-21）[2022-06-18]. https://www.zhejiangmuseum.com/News/Snews/NewsInfo/a4d665f4ccef75680268058769f592ee.

② Pavitt J. Design Client, Patron and Showcase: The Museum and the Creative Industries[M]// Julier G，Moor L. Design and Creativity: Policy, Management and Practice. Oxford: Berg, 2009; Norris L, Tisdale R. Why Creativity Matters in Museum Work[M]// Norris L, Tisdale R. Creativity in Museum Practice. New York: Routledge, 2016.

的社会教育机构，理应有所作为，博物馆不仅要在文化内循环中，对国内大众的文化创新进行引导；也需要在外循环中，为博物馆中国方案与中国路径的顺利输出、国家形象的对外推广贡献文化内容，这些工作都需要博物馆要有"主导者"的角色定位。

二、博物馆文创业务治理的经验

（一）故宫博物院与台北故宫博物院的文创业务治理经验

为解决博物馆文创产业的发展问题，博物馆界也在实际运营中不断提炼做法、总结经验。不过，总体而言，各博物馆之间的做法是大同小异的，这可以从博物馆文创产品"同质化"现象上得到间接的证据。即便如此，总结博物馆界已有的治理经验仍是有益的。客观而言，当下国内博物馆对文创工作的追求大多数还停留在产品款式、类型、造型、风格等层面，这些方面的发展已较成熟，固然其是博物馆文创的重要方面，但仍是狭义博物馆文创产品的开发维度，并非博物馆文创业务治理中迫切要解决的问题。当前博物馆界欠缺的是对文创产业整体的规划与商业化等方面的思考。故宫博物院是发展文创产业的领先者，各地的博物馆纷纷以它为榜样，开展文创工作，因此，它是观察我国博物馆文创产业的一个点位。① 此外，台北故宫博物院是观察我国博物馆文创产业另一种发展模式的点位。

1. 故宫博物院的文创业务治理

故宫博物院有诸多文化 IP，其中最鲜明的 IP 非"故宫猫"莫属。虽然该 IP 的原型并不是故宫文物，但却戳中了年轻人喜爱"萌宠"的心，"故宫猫"就像

---

① 地方性博物馆与文化和旅游部直属的故宫博物院之间存在很大的差别，在单位级别、政策制度、运营经费、品牌知名度、馆藏文物等方面都是地方性博物馆无法比较的。然而，有不少地方性博物馆在定位自身的文创工作时，以故宫博物院为榜样，这就成了观察中国文博文创的一个角度。总体而言，本节所总结的部分故宫博物院文创工作经验在多数地方性博物馆中都能找到借鉴的痕迹。当然，有些地方性博物馆并没有完全照搬故宫博物院的做法，而是因地制宜进行了差异化发展，但这些地方馆的文创差异化主要还是局限在文创产品的开发层面，深陷在争夺新闻报道的恶性竞争中。

故宫推出的吉祥物一样。IP 营销是"故事营销"，其重点是编写故事并传播故事。在互联网时代"粉丝经济"的发展势头迅猛，其主要的消费者是 90 后至 00 后的年轻人，该年龄层的消费者不仅喜欢有创意、有个性的商品，一定程度上也喜欢包括汉服在内的传统文化，尤其是两者的结合体（即"国潮"），而博物馆文创产品正属于此类。故宫博物院的新媒体团队成员以该年龄段为主，通过为故宫博物院塑造 IP 吸引了大批拥有共同兴趣爱好的粉丝。当然，只有"故宫猫"是不够的，它只是吸引人关注故宫博物院的入口，该新媒体团队从丰富的馆藏文物中汲取了营养，并结合社会热点，以有趣、诙谐的方式大胆地讲述了文物故事，迎合了年轻群体的需求，不仅通过打造精品内容为博物馆的社会教育工作赋能，也让故宫博物院的文创产品营销更精准。

目前，几乎每家博物馆都开通了微博、微信公众号等新媒体账号，而首先在这方面进行尝试并取得突出成绩的是故宫博物院。最早出名的是"故宫淘宝"微博，该账号因为发布有趣的文物科普帖而"圈粉"无数，最近的"故宫博物院文化创意馆""故宫文化创意"等"故宫系"微信公众号也因为高质量的推送文章吸引了大量的拥趸。微博、微信公众号只是故宫博物院的传播媒介之一，其还通过制作纪录片（如《我在故宫修文物》），尤其是综艺片（如《上新了·故宫》）等方式构建媒体传播矩阵来吸引更多粉丝。近年来，故宫博物院给人的形象是"敢于改革""敢于创新""不惧压力""不怕批评"，这正符合年轻粉丝群体求新求异的特质。因此，故宫博物院深受年轻人好评，也被称为"网红博物馆"。

为推进故宫文化传播，故宫博物院前院长郑欣淼于 2003 年率先提出了"故宫学"概念，他将紫禁城、故宫文物、故宫博物院三者作为该学科的研究对象，具体包括紫禁城宫殿群、文物典藏、宫廷历史文化遗存、明清档案、清宫典藏、故宫博物院院史等六方面。[①] 目前，故宫博物院已在浙江大学、南开大学、深圳大学等高校设立了故宫学研究所，几乎每年都会举办"故宫学高校教

---

① 郑欣淼.故宫学纲要 [J].故宫博物院院刊，2010（6）：6–13，156.

师讲习班"来培养高校中的"故宫学"师资。除此以外，故宫博物院还于2013年创建了故宫学院，不仅作为内部员工的培训中心，也作为全国文博系统的人才培训单位，同时承担向社会大众开办故宫文化讲坛的工作。目前，故宫学院已在苏州、西安、深圳、上海、重庆、开封、沈阳等地建立了分支机构。① 通过上述方式，故宫博物院促进了故宫文化的学术交流，培养了博物馆的专业人才，提升了社会大众的文化底蕴。

2. 台北故宫博物院的文创业务治理

过去台湾地区的经济是以制造业为主的出口型经济，但随着时代变迁、人工成本的增加，其制造优势不再，此时恰逢英国文创产业取得瞩目成绩，吸引了台湾有关部门的注意，发展文创产业也就成为台湾产业转型的方案之一。台北故宫博物院作为台湾保存中国传统文化最集中的博物馆抓住了此次机会。台北故宫博物院走上文创产业发展道路可以追溯到秦孝仪先生担任院长期间，他曾经于1983年提出了"从传统中创新、艺术与生活结合"的文创产品开发原则。前院长周功鑫在任内加速推动了台北故宫博物院文创产业的发展，提出将台北故宫博物院打造为"全球文化创意产业应用重镇"，尝试建设"文化创意产业园区"以此作为振兴台湾文创产业发展的平台。在此理念下，周功鑫借助台湾有关部门所提供的基金实施了文创产业发展研习营项目，该项目花费了五年时间对台湾地区文创产业进行了培育与引导，在此期间共培训了72家文创团队、300多名学员。总结台北故宫博物院的文创产业发展经验不能局限于产品设计本身，而是应该先分析其发展理念。台北故宫博物院并没有割裂了"文创产业"与"社会教育"之间的关系，而是融合了这两股力量并使它们深度协同，文创产业发展研习营便是采用了该理念。

台北故宫博物院是我国最早建立商业授权制度的博物馆，也是最早依靠该

---

① 程辉. "文化兴盛"目标下杭州文博文创产业培育路径研究 [J]. 创意城市学刊，2021（1）：50–61.

制度取得突出成绩的博物馆。[①] 一般而言，博物馆文创产业的发展可分为两个阶段：第一个阶段主要以"二维类"产品为主，以纹样化为主要特征。该阶段是博物馆文创产业发展的必经阶段，在企业主动要求商业授权前，博物馆势必要自行投入经费开发文创产品。此时，具有"一件定制""造价低廉""响应迅速"特征的二维类产品正好符合博物馆要求低成本、低风险开发文创产品的诉求。但博物馆文创产品的开发不能只停留在该阶段，因为它无法满足消费者的个性化需求，也容易加剧产品"同质化"现象。第二个阶段是积极引入商业授权制度，因为博物馆文创产品开发类似于"众创"模式，聚集大量设计师才能产出新颖、独特的设计方案，同时，借助该制度也能吸引生产商、品牌商的参与，这样就构建了博物馆文创产业链，将策划、设计、生产、营销串联，打造上下游密切协作的博物馆文创产业生态系统。台北故宫博物院所建立的这套商业授权系统已经实现了自动运作，如"清宫家族"、"翠玉白菜"酒瓶[②] 等产品都是该系统运作的成果。在该系统里，博物馆只要做好合作商遴选、文物素材提供、设计方案审核这三项工作，就能确保该馆文创产业的可持续发展。由此可见，商业授权制度不仅能减轻博物馆文创部的工作量，也能提高文创产品开发的质量，达到事半功倍的效果。

在建立了完善的商业授权制度后，台北故宫博物院将藏品数字化作为其工作重点。虽然故宫博物院也于 2019 年 7 月发布了"故宫名画记""数字多宝阁"等多款数字故宫产品，但相较于台北故宫博物院，故宫博物院在此方面的改革还有所保留。本次故宫博物院开放的数字文物约有 5 万件，仅限于学习、研究之用，而台北故宫博物院于 2017 年就追随大都会博物馆的开放脚步，成为全球第二家免费开放数字资源的博物馆。台北故宫博物院在该次共开放了 7 万件藏品的数字资源，不仅能用于学习、研究，还鼓励社会大众使用，甚至免费商

---

① 李寅飞 . 两岸故宫博物院文化创意产业发展比较研究 [J]. 兰台世界，2015（1）：133–134.
② 李丁丁 . 南北故宫文化创意产品发展的比较与借鉴 [J]. 文化艺术研究，2016，9（2）：22–28.

用且不需要任何申请。开放数字资源版权是"文博大文创"发展的必然结果，也是博物馆作为非营利机构的使命与责任。藏品数字化是博物馆文创产品开发的基础，若没有建好该基础，文创产品开发就会受到影响。其中，受直接影响的就是"设计"环节，因为设计师开发文创产品的第一步就是要提炼文物上的纹样元素，如果没有藏品数字化基础，设计师就需要大海捞针般自行在网络世界中寻找文物的清晰照片及详细的介绍，这样势必会打击他们的积极性。若博物馆能为设计师提供文物 3D 影像或多角度细节高清图，提供文物曾经的使用环境、使用者故事、使用方法等翔实、准确的资料的话，设计师就能高效地进行产品开发设计，也能促进高质量设计方案的产出。

3. 故宫博物院和台北故宫博物院文创业务治理经验比较

故宫博物院和台北故宫博物院的文创业务治理经验可简要概括为使用 IP 为文博文创赋能、构建文博文创的传播矩阵、积极培养博物馆人才、重视产业顶层设计、建设商业授权制度、开放藏品数字版权等，上述经验中的前三项在国内大多数博物馆中或多或少有所应用，但相对而言，后三项经验并没有被广泛应用，而这也是未来博物馆文创工作需要关注的重要内容。客观而言，故宫博物院和台北故宫博物院在文创工作上各有特色，总结两馆的经验，希望在互鉴中补齐自身短板。对大陆文博界而言，不管是博物馆治理体制上，还是基于文创产业系统规划上的优势，都需做到守正创新，即在文创服务于文化治理、对产业进行顶层设计、建立商业授权制度、开放藏品数字版权等方面不断强化，以弥补自身在上述若干方面的不足。

（二）博物馆文创管理人员的治理责任

有不少研究认为，商业授权是开展博物馆文创工作的重要方式。[1]在笔者看来，这也是博物馆文创产业从萌芽期走向成长期必然要采取的合作模式。我国在实践商业授权时，应该注重建设体系完善、流程完整、权责分明的授权系

---

① 王秀伟. 文化创意产业视域下的博物馆文化授权研究 [D]. 合肥：中国科学技术大学，2016.

统，进而构建出"文博文创生态系统"。在该系统中，博物馆是文创产业的"头部机构"，而产业链中的其他企业则是利用博物馆的知识产权成果进行商业开发与运作的单位，而文创管理部门则是将研究成果向外输出，实现科研成果商业转化的中间桥梁。这样博物馆的角色就是"平台方"，也是对文创设计活动进行治理的责任方。作为博物馆内相对熟悉商业运作流程的工作人员，文创部负责人的角色并非决定哪款文创商品能在博物馆商店中上架，而是要成为博物馆与产业链之间的"沟通者""联络员""治理者"。他需要理解博物馆文创的治理对象是什么，谁是文博文创生态系统中的弱势群体，如何协同文创合作中的多方利益等问题；同时，他还需要成为文创开发保障政策与方案制定的桥梁，完成向上级反映产业需求、向合作方传递信息的任务。此外，博物馆作为文创产业的平台之一，不要自认为所提供的平台是绝无仅有的，也不要沉醉于被众星拱月的现状，因为文创产业并不是非博物馆不可，而是要博物馆意识到自身需要文创产业，这才能促进博物馆公共文化服务的建设，完成博物馆的神圣使命。因此，品牌商之所以愿意对博物馆示好，主要还是由于当下的消费者对传统文化元素的偏爱。但文化热可能有一天也会退潮，博物馆文创热也会逐渐冷却，博物馆可能会失去如今"高不可攀"的地位。在当下这段"博物馆热"中，博物馆应抓住历史机遇发展自身，从而让自身主动嵌入国家文化治理，这或许是博物馆"延年益寿"的理想方法。

第二节　文化创新的过往经验

"文创"不仅是"文化创意"的简称，也是"文化创新"的简称，如果将文化创意理解为产品设计的微观层面的话，那么，文化创新无疑是认识文创的另一个更有高度的视角。因为，若只谈文化创意，就容易陷入仅关注产品及产业维度的困境，过度强调文创的经济属性；而忽视文创的社会属性，会使博物馆忘却发展博物馆文创产业的初衷。下文将对与博物馆文创密切相关的国货运动进行整理，试图从文化创新角度归纳数次运动对文创工作的启示。

一、国货运动对文创治理的启示

对博物馆文创工作而言，总结百余年来中国文化创新发展的经验与教训具有现实意义，这不仅能让博物馆文创工作者们明确历史使命，也有助于激励他们勇于担当时代责任。此外，有诸多因素束缚着博物馆文创工作的高质量发展，如事业产业对立、产品同质化、专业人才匮乏等问题，其中有认知层面上的问题，也有实际操作中的问题。以解放思想就是解放和发展生产力为基础，面对纷繁复杂的产业问题，首先要"解放思想"，即解决博物馆文创认知上的问题，因为只有消弭了分歧、增进了共识，才能形成思想统一战线，才能凝练出符合国家文化建设要求、国家文化治理目标的博物馆文创高质量发展策略。

虽然"文化创意"是新造词，但有学者认为，博物馆文物作为历代文化融合的产物，其中有不少古人对异域文化的想象与创意。按照现今对"文化 + 创意"的字面理解，这类古人的想象和创意可以被界定为"文创产品"。在我国历史中，文化融合现象一直存在，文创产品也层出不穷。尤其是在近代中国，面对中西文化的激烈碰撞，不少融合中西文化的文创产品相继诞生，在试图恢复民族自信的国货运动中扮演主角。或许正是出于这样的原因，知名财经作家吴晓波才将正在我国各地如火如荼进行的、以博物馆为主体的文创热潮认定为第三次国货运动。[①] 据他整理归纳，中国第一次国货运动开始于 1905 年前后、终结于 1937 年"。在此期间，国货维持会、西湖博览会等陆续开办，是一次横扫中国全境的关注日用品领域的国货运动。始于 1984 年城市体制改革、终结于1998 年亚洲金融危机的第二次国货运动，是以家电品类为主的国货运动。[②] 暂

---

① 吴欣. 商战中起落的三次国货运动 [EB/OL]. (2019–11–15) [2022–10–25]. https://www.sohu.com/a/353893223_137204.

② 吴晓波. 乘风破浪的新国货 [J]. 企业研究，2021（4）: 58.

且不论这样的分类法是否有足够的学术支持，但不可否认，第一次国货运动是以复兴中华为目标的，如果这次以博物馆文创为主角的"文博文创热"也能被称为"国货运动"的话，那么，今日以博物馆为主体的文创工作也就承担了近代文化复兴的重要使命。民国时期，国弱民屡，战事频繁，振兴中华文化只能沦为一个遥不可及的梦想；如今，我国已成为世界第二大经济体，迫切需要尽早建立制度自信、文化自信。在此背景下，以博物馆为主体的新一轮国货运动有望成功。①

（一）第一次国货运动

鸦片战争的失败让中国的仁人志士开始寻找救国之策，张之洞提出的"中学为体、西学为用"是当时的重要思想之一。虽然该思想并不是针对设计提出的，但却是重要的设计主张，对我国近代艺术设计思想的形成、我国当代文创思维的塑造都产生了积极影响。② 鸦片战争后，大量洋货来华，沉重地打击了我国的传统手工业，造成了国产品牌对洋品牌的模仿与抄袭。虽然在这期间出现了与传统文化形象相结合的标志、包装、月份牌等设计，甚至可以客观地说为我国现代设计的生根提供了肥沃的土壤，③ 但国人接受这种中西混杂的设计风格则是无奈之举。第一次国货运动在此背景下开始，这是大约发生在 20 世纪

---

① 正如前文所提及的，"旅游纪念品"与"博物馆文创"概念上是相似的，它们的区别只是视角上的差异：前者强调"纪念性"，后者强调"文化的创意表达"，但在文化传播、设计方法及设计理念上是相通的。近年来，设计学者在此方面的研究往往会使用"博物馆文创产品设计"，而不是"旅游纪念品设计"，这样的转换基本上发生在 2015 年前后（参见：邱筱，程辉. 历史博物馆文创设计理念的沿革与嬗变 [J]. 创意城市学刊，2022（4）：95–103.）。笔者将我国博物馆文创设计史延展到了 20 世纪初的国货运动，并与 21 世纪初的"旅游纪念品"研究相串联，虽然各阶段使用的名称不同，但国货运动试图重建中国文化符号的实质不变，从这一角度看，相关研究成果存在继承的关系，这样的联系也具有一定的合理性。此外，也有学者从商品与文化博弈的角度看，给商品冠以"国"字号，是一种撰写民族文化"传记"的方式，这一传记就是物的"社会生命"，即物的特殊意义，因此，被称为国货的物被强制地纳入了国家的政治语境，其传记被市场逻辑与国家民族逻辑共同撰写，进而注入了爱国主义情怀和救亡图存的崇高感、使命感（参见：李金正. 近现代"国货"观念与广告的民族主义致思——基于美国"中国学"的批判性视角 [J]. 现代传播（中国传媒大学学报），2018，40（8）：136–140.）。

② 杜明星. 中国本土化设计 [M]. 济南：山东美术出版社，2022.

③ 时璇. 视觉：中国近现代平面设计发展研究 [M]. 北京：文化艺术出版社，2012.

初的爱国运动，进步人士面对民族危机鼓励国人购买本国企业生产的日用品。[①]
也有人认为其开端可能更早，该运动在一定程度上促进了萌芽期中国现代化设计的发展。当然，发展现代化设计并不能一蹴而就，培育现代设计生长的土壤是当时的重要内容。因此，蔡元培先生给出了"美育兴国"的方案，即提出需借助"美育"来改造国民性，用"美育"更新国人传统的生活方式。中国美术学院艺术史学者杭间认为蔡先生所提出的"美育"约等于今日的"设计"[②]。也就是说，蔡先生希望用"设计"来驱动现代产品开发，协调中西文化的互动方式，推动国人生活方式更新，进而实现国家复兴。现今博物馆文创产品等新"国货"也倡导更新国人生活方式，[③]这与蔡先生的初衷如出一辙，因此博物馆文创理论的建构亦可从其"美育"学说中汲取养分。

虽然不少评论认为蔡先生的主张过于理想化，但这并未妨碍其思想对当时的设计师产生影响，如在第一次国货运动中扮演重要作用的陈之佛等人。陈之佛早年公派前往日本学习"图案学"，归国后，有感于国内布料纹样设计被日本人垄断的现实，树立了"以图案兴国货"的目标，决心通过对中国传统纹样的创新设计来改变现状，通过创办尚美图案馆开展纹样设计实践与教学，并尝试构建了独具中国特色的图案学理论与实践体系。现今大部分的博物馆文创产品设计仍是以纹样设计为主，因此，陈之佛的图案学理论对今日的博物馆文创产品设计仍有借鉴价值。之后，虽然雷圭元、庞薰琹、张道一、程尚仁、常沙娜等装帧设计前辈先后加入了图案学实践与教学中，但随着西方设计的引进，已形成本土特色的图案学理论还是让位于被年轻设计教育者奉为圭臬的"三大构成"[④]。在今日看来，这实在可惜，这种设计教育中的全盘西化有违国家文化建设的初衷，且有违中国化设计理论建设的初心。图案学既倡导向传统纹样设计

① 陈瑞. 国货运动：中国近代经济制度变迁的催化剂 [J]. 上海经济研究，2015（9）：120–127.
② 杭间. 设计"国美之路"之思想脉络 [J]. 新美术，2016，37（11）：11–15.
③ 吴晓波. 乘风破浪的新国货 [J]. 企业研究，2021（4）：58.
④ 诸葛恺. 艺术设计教育：西化不忘师古 [J]. 设计艺术，2002（1）：10–11.

学习，又鼓励设计师进行大胆创新，这样的教学思路与自成一体的技法训练，不仅能培养设计师的创新能力，直接为设计师与博物馆观众提供创意技法，又能在课堂中直接结合"思政"元素。第一次国货运动为我国现代设计生根提供了肥沃的土壤，面对西方列强的文化侵略，设计界前辈积极探索了使中国元素与西方形式和谐相融的方法，虽然在形式语言上以照抄照搬居多，中国元素与西方形式的结合也多有牵强之处，但孕育了美育、图案学等思想理论，这是功不可没的。

（二）第二次国货运动

新中国成立后，在相对封闭的环境中，不少国产品牌相继诞生，如永久自行车、光明牛奶、茅台酒、雪花冰箱、牡丹电视机、双菱手表、海鸥相机等，[①]这些国产品牌在当时承担着"为国尽责"的使命与重任。改革开放后，我国从计划经济向市场经济转变，尤其是1984年邓小平视察南方前后，以任正非、柳传志、张瑞敏等为代表的84派创立了华为、联想、海尔等国产家电品牌，在差不多近10年内，这些品牌迎来了野蛮生长期。[②]但好景不长，到20世纪90年代，这些"初出茅庐"的中国品牌遭遇了成熟的国际品牌的夹击，只能在模仿和价格战中寻找出路。[③]在几十年间，国产品牌与抄袭、低品质画上了等号，"山寨"成了国产品牌的代名词，因此，国人对国货失去了信心，不少承载着童年记忆的国货也因此渐渐淡出市场。[④]近年来，不少品牌借助设计实现了重生，如百雀羚。

改革开放使国民可支配收入持续增加，刺激了国人的精神文化需求；尤其是在中国成功加入世界贸易组织、北京成功申办奥运会等大事件的影响下，国

①　张超，宛枫，张凤玲，等. 品牌百年 恰是风华正茂 [J]. 中国品牌，2021（7）：32-43.

②　贝果财经. 从退而求其次到经典产品，历经上百年，国货是怎么振兴的？ [EB/OL].（2021-10-29）[2022-10-26]. https://t.cj.sina.com.cn/articles/view/6248544856/174713a5800100zbk5?autocallup=no&isfromsina=no.

③　巴九灵. 新国货真正的课题是什么？吴晓波、柳冠中、王苗回答了 [EB/OL].（2021-09-06）[2022-10-25]. https://new.qq.com/rain/a/20210906A056BQ00.

④　张翼. 老国货成为新"国潮" [N]. 光明日报，2019-06-27（15）.

人的民族自豪感陡然增强，这体现在实物上便是世纪交替前后家用电器上出现传统装饰元素，但由于当时未建立处理好传统与现代关系的融合机制，使 20 世纪初的中西杂糅风格再次回归，引发设计学者的批评。如广州美术学院张剑曾对这种情况进行了批判，他认为在诸如 MP3 播放器等现代电子设备上使用瓦当作为装饰图案是滑稽可笑的，这样配搭不仅使瓦当的传统语境丧失、元素被扭曲，也造成了对设计理论应用场景的错误示范。但不论第二次国货运动的商品是被表扬还是被批评，它们都向社会大众普及了设计的功能与价值，是对普通大众的设计启蒙。就如在此过程中饱受诟病的"山寨手机"设计，其实是"设计众包"理念的物化结果，但当时并没有遵循系统设计观，[①] 对设计的理解也只是外观层面的优化而已，以至于所生产的商品不尽如人意。从文化创新维度看，以家用电器为主体的第二次国货运动并没有在此方面积累足够的经验，反而是在微不足道的旅游纪念品设计领域，开展了"中国风格的当代化设计"的尝试。[②]

世纪之交的中国风格的当代化设计研究继承了第一次国货运动的"文化复兴"志向，再度围绕"中国文化与西方文化相处"的时代命题进行了讨论。在此时的中国，现代设计已有 20 多年的发展历程，[③] 不少学者都自觉地在此领域进行了探索，如江南大学陈原川基于中国元素所开展的视觉传达设计教学、浙江大学潘云鹤弥补"三大构成"之不足而开展的"文化构成"教学等培养了年轻一代设计师的文创设计能力与兴趣；同时，设计界围绕"中国传统文化现代化表达"主题进行了大量的专项研究，这为年轻一代的实践者与研究者打下了坚实的理论基础。伴随着国内兴起的旅游热潮，旅游纪念品设计开始成为"中国风格的当代化设计"的主要实践对象。然而，需要指出的是，此阶段的旅游纪念

---

① 李云, 谢洪明. 山寨手机产业与工业设计: 基于生产组织的讨论 [J]. 装饰, 2019 (2): 78-81.
② 冯冠群. 中国风格的当代化设计 [M]. 重庆: 重庆出版社, 2007.
③ 杭间. 中国设计学的发凡 [J]. 装饰, 2018 (9): 19-22.

品设计研究大多数局限于产品设计本身，其视角也较为狭窄，与设计息息相关的营销、商业模式等要素皆未纳入其中，研究者所秉持的设计观也并未将系统设计观念、服务设计方法、社会创新理念等列为设计研究的视角，存在"头痛医头、脚痛医脚"的问题。此外，当时中国设计界仍是西方现代设计理论的附庸者，故对旅游纪念品设计方法的研究也多架构在对西方理论囫囵吞枣式的消化上，如不分情况地将产品语义学、产品符号学强行应用于文创产品设计中；在提升旅游纪念品地域性的研究中，习惯性地会选择用西方现代设计方法对中国元素进行打散重构，造成了文化符号的支离破碎。这暗示着中国仍缺乏一套适合对中国元素进行创意表达的设计技巧与方法，但这一部分在中国设计理论体系建设中并未受到足够的关注。

总之，一定程度上，第二次国货运动留给后世更多的是失败的教训：企业需要用设计来"武装"自己的产品，这种"武装"并不仅仅是外观上的美化，更多的是在产业、战略、商业模式等层面的设计。此外，对中国的文化创新而言，强行套用西式方法、采用中西混搭的风格，并不是最佳的方式，在现代设计的中国本土化过程中，探索一套既能紧密结合国家文化治理需要、又能体现文化创新理念，同时注重文化创意表达实操的设计方法论体系是中国设计体系构建的重要内容。

（三）第三次国货运动

按照前文的分类，当下我们身处在第三次国货运动中，"博物馆文创"的概念已被悄然拓展，包括"原创展览、教育活动、博物馆文创商品"三部分，即上文提到的"文博大文创"[①]。一定程度上，该概念为文创产品的设计研究、博物馆文创产业的发展打开了新局面。这样的拓展正好与设计概念的发展相契合。在过去，设计被认为只是"美化"工具，等同于造型艺术；近年来，设计已逐渐以服务、组织、战略等为对象，但这样的认识仍仅局限于设计圈中。就博物馆文

---

① 龚良. 正确理解博物馆文化创意产品开发 [N]. 中国文物报，2017-09-26（5）.

创的语境看，设计不仅可以解决其产品、展览上的实际问题，还能解决博物馆文创与社会文化治理协同发展的问题；尤其是围绕社会文化治理，在设计学中近期出现的"设计治理"理论能解决博物馆文创设计活动中的诸多问题，也能为博物馆文创参与社会文化治理提供指导。与之相比，龚良提出的"文博大文创"概念是对博物馆业务层面概念的拓展，属于微观层面，与社会文化治理的宏观层面之间还存在一定的差距。面对社会问题，博物馆文创还需继续扩展，尤其是乡村振兴、公共文化服务、文化旅游、社会教育等都是需要参与的领域。

　　这在最新版的博物馆定义中也有明确描述。[①]在新的博物馆定义中，博物馆被认为是"为社会服务的非营利性常设机构"，其具有可及性与包容性，并在促进多样化和可持续性上发挥着作用。同时，新定义也提出"教育、欣赏、深思与知识共享"都需要与"社区参与"相结合。[②]相较于之前的表述，新定义强调了博物馆的包容性、社区参与性和可持续性。包容性是指博物馆能包容各种各样的人，即无论富人、还是穷人，无论是专家、还是文盲，都是博物馆的观众，都能参与博物馆的协商对话活动，对博物馆的发展都有发言权。从中国文化治理的语境看，这就是公共文化服务体系均质化发展的目标。社区参与性则包含着博物馆对治理问题的关注，也意味着博物馆需要引导与驱动文化传承与创新，培育低能耗、高附加值的文创产业。此外，博物馆要在引导社区居民参与当地事务上发挥积极作用，或搭建平台使自身成为居民对话的场所，或引导居民发挥创意共同推动社区创新。可持续性则可以理解为为文化、环境、产业等维度的可持续性发展提供支持。

―――――――――

　　① 国际博物馆协会（ICOM）各成员单位于2022年8月24日在布拉格会议中对"博物馆定义"进行了表决，以92.41%的赞成率获得通过（支持：487票；反对：23票；弃权：17票）。博物馆定义的英文原文是：A museum is a not-for-profit, permanent institution in the service of society that researches, collects, conserves, interprets and exhibits tangible and intangible heritage. Open to the public, accessible and inclusive, museums foster diversity and sustainability. They operate and communicate ethically, professionally and with the participation of communities, offering varied experiences for education, enjoyment, reflection, and knowledge sharing.

　　② International Council of Museums. Museum Definition [EB/OL].（2022-08-24）[2022-10-26]. https://icom.museum/en/resources/standards-guidelines/museum-definition/.

综上所述，仅仅局限于"文博大文创"理念开展新时代的文创工作在博物馆学层面也无法令人满意。不论是基于设计学科，还是博物馆学，未来的博物馆文创工作都应该积极面向国家文化治理的需要开展，这不仅符合我国文化治理的总体目标，也符合国际上博物馆的发展趋势。当前，我国博物馆虽然已经探索出了一条较有特色的文创发展路径，文创工作开展得有声有色，但与其他国家或地区相比，我国博物馆文创的特色化、差异性仍有待加强。第三次国货运动仍在继续，"文博大文创"有成为我国博物馆文创发展主要方式的趋势，如何发展博物馆文创工作为第三次国货运动赋能，考验着博物馆文创参与者的智慧。或许，将博物馆文创与文化治理相结合的方式是对内能获得国家更多支持、对外能形成中国特色的重要突破点之一。

二、文创参与治理的当代做法

在不少社会创新实践中，都有文创的身影。为归纳文创在社会创新实践中的治理经验，笔者研究了多个社会创新实践案例，总结了文创参与治理的方法。

（一）借助空间创新治理方式

防空地下室出租管理曾一度是困扰北京市政府社会治理的难题，该问题源于 2004 年左右因地下室维护经费有限，市政府所推出的"地下室自养"政策，即通过出租地下室为其维护筹措资金。由于租金便宜，这些地下室成了"北漂一族"租房时的首选地。然而，因为缺乏必要的安全措施，地下室火灾、淹水等突发情况造成人员伤亡的事件时有发生；此外，地下室也成了北京人口调控工作顺利开展的最大阻碍。潮湿、阴暗、混乱的地下室本身就不适合常年居住，再加上地下室又牵涉房东的经济利益，如何鼓励合理使用又不影响社会稳定并实现"地下室自养"是横亘在北京市政府面前的管理难题。中央美术学院周子书基于社会创新理论与方法，在朝阳区安苑北里 19 号楼地下二楼等地进行了"地瓜社区"的实践。①他借助设计手段，通过环境的美化与营造，使地下室变成了灯光明亮、空气清新的地方，同时也使之成为共享客厅、书房、健身房、茶吧、影院、教室等功能一应俱全的社区活动场地与邻里交流平台，吸引了老年人到此唱京剧、学生到此做作业、年轻人到此健身，还有不少居民自发带来了茶叶、书籍与海报，共建共享了该公共空间。他将地下室改造成社区配套设施，不仅拓展了地下室自养方式，堵住了人口调控的漏洞，也减少了政府财政投入的压力，有效解决了北京市政府的社会治理难题。周子书希望共享空间"地瓜社区"还能成为"城乡中转站"，帮助外来流动人员适应当地的工作与生活，也希望当地人通过该平台能为这些流动人员提供力所能及的协助。如今，"地瓜社区"不仅在北京落地生根，还被移植到了其他地区，为各地政府解决公共空间使用问题提供了经验，在一定程度上，也为消弭城乡差异、促进社会和谐、参与社会治理贡献了力量。

（二）创造节庆实现社会治理

日本越后妻有地区的"大地艺术节"享誉全球，至今已累计带来直接经济收益达数百亿日元，仅最近一届（2018年）的"大地艺术节"就吸引了55万人次到访。就文化资源而言，越后妻有并不具有优势。事实上，它地处偏远，交通也不方便。在2000年举办首届"大地艺术节"前，由于大批青壮年外出谋生，越后妻有地区已出现严重的老龄化，虽然当地政府曾尝试通过对外招商来恢复元气，但仍难以扭转年轻人外流的趋势，这进一步加剧了经济失调、产业衰退等社会问题。据不完全统计，在首届"大地艺术节"举办前，该地区有500余间房屋闲置，废弃学校20余所。2000年前后，策展人北川富朗来到了这块土地，为了帮助当地老年人，他邀请了逾700位国际知名艺术家到当地寻找创作灵感，并希望他们能在当地做短期创作。就这样，这些艺术家为越后妻有先

---

① 张明，周志.现实中的理想主义实践：周子书与地瓜社区[J].装饰，2018（5）：46-51.

后创作了千余件作品，其中 200 余件作品被直接保留，不少作品是艺术大师的代表作。由于这些作品散落在当地各个村落，所以这片土地成了一座不折不扣的"美术馆"。艺术节的成功举办，使原本不得不离家远行的年轻人陆续从大城市回归并参与了自家旅店、餐馆等艺术节配套设施的运营工作中，社区也因此重新焕发了生机。越后妻有"大地艺术节"是个"无中生有"的节庆，一股股艺术力量的注入使这一人为创造的节庆成了日本的"金字招牌"，累计吸引了超过 200 万人次前来观展，原本突出的社会治理难题也迎刃而解。越后妻有的案例揭示了"文化创意"与"商业"在社会治理中的先后关系，若没有文化创意活动，即使成功对外招商也难以改变社区凋零的趋势；相反，因为有了文化创意，即使是无中生有，甚至是生搬硬套，也有扭转社区颓废现状并使之复苏的可能。

（三）适度商业赋能社会治理

商业化是把"双刃剑"，没有商业，社区难以可持续发展，但过度商业化往往适得其反，甚至会激化社会矛盾，这也是很多专家学者在街区改造中极力反对的。北京南锣鼓巷是我国众多过度商业化的历史街区之一。它位于北京中轴线东侧，与元大都同期建成，至今已有 740 多年历史，是北京最古老的街区之一，也曾是明清时期达官显贵的居住地，因此各种形制的府邸、宅院都能在此看到。自 20 世纪 90 年代起，各种创意商家、手艺人、艺术创作者等陆续进驻南锣鼓巷；2008 年，南锣鼓巷已名声大噪，游客往来如织；近年来，随着大量商业机构与游客的涌入，原本胡同文化浓厚的街区逐渐被浓郁的商业气息所侵袭，远去的是沉淀百余年的胡同文化及老北京人传统的生活方式，留下的是不断严重的噪声污染、车辆乱停放造成的出行困难，这些问题造成了当地居民与商户之间的矛盾。2015 年，由于过浓的商业味，南锣鼓巷被排除在国家历史文化街区名单外；2016 年，南锣鼓巷主动取消自身 3A 级景区资格、暂停了团队游客的接待，希望借此来恢复深受影响的历史文化风貌，并尝试缓和社区中的"居商矛盾",然而元气的恢复不能一蹴而就,还需要较长的时间。可见,"商业化的分寸"需要政府部门谨慎把握,否则容易成为社会治理新的障碍物。

（四）校地合作提高治理成效

校地合作模式之所以被推崇,是因为两者彼此需要。尤其是在社会创新领域,由于项目的公益属性,高校希望能得到地方政府的支持以便项目的顺利开展,同时,政府也能在高校的帮助下获得解决社会问题的新思路。因此,通过校地合作解决社会治理难题是一种"双赢模式",国内多数社会治理实践均有高校的身影。台湾阿里山乡来吉部落遭受地震、台风灾害后,面临灾后重建问题,当地的云林科技大学采用校地合作举办工作坊的形式,定点帮扶了该地区。他们创造了一种"社区培力"的做法,即通过长期的陪伴和协助,使当地社区居民知道还有人正在关注自己社区的发展,进而推动社区居民更加积极地参与本社区的事务。在获得社区居民的信任后,学校对该地区的文创产业进行的服务设计与战略设计就很容易被当地社区居民所接纳。可见,通过校地合作长期的精耕细作、师生的"社区培力",社区居民也会愿意信任外来的帮助,并愿意配合完成产业转型。

此外,湖南大学"新通道"项目也是利用社会创新提升治理成效的典范。该项目从关注一个位于湖南、广西、贵州交界处,具备独特的自然生态环境与丰富的非物质文化遗产,但经济落后的地区开始,通过整合产品与服务系统、保护非物质文化遗产等方法,建立了一个国际化的设计创新联盟和基于网络的信息平台,参与式地促进了当地居民文化自主意识的提高和产业创新。直至今日,"新通道"已成为湖南大学社会创新活动的品牌,在湖南的桃源、隆回,重庆的酉阳,四川的雅安,青海的三江源,内蒙古的呼伦贝尔,云南的香格里拉,新疆等地开展了社会创新实践,尤其是通过将与当地少数民族非遗相结合的系列文创产品实现商业化,为当地贫困户创造了经济收益,实现了帮扶困难户的集体摘帽。① 这种持续性的设计帮扶使落后的山村也形成了特色产业，不少外出务工的青壮年也因此回乡创业，解决了"乡村空心化"的社会问题，让文创有效地参与了社会治理。

（五）培养策展人才完善治理

时任台北市副市长李永萍是台北文创产业发展的幕后推手，她在任内推动了华山1914、松山、西门红楼等文创产业园区的创建。她认为在文博大文创时代，文创不仅是一种生活方式，更是新型的城乡发展策略。但文创园区的开发要避免只注重硬件建设，因为"硬件救不了内容的匮乏"。也就是说如果各古街区只注重硬件建设，而没有与之匹配的内容建设，改造后依然无法复兴，这也是如成都龙潭水乡、常德德国小镇、宜昌龙泉铺古镇等国内特色小镇及古街区凋零的主要原因之一。文创街区是否能吸引游客，主要是看其是否有策展人。日本越后妻有"大地艺术节"的成功案例，就得益于北川富朗这位策展人的号召力，他为日本越后妻有地区邀请到了世界知名艺术家，才使当地形成了规模庞大的大地实景艺术展览。艺术展览是策划的主要产物，常被认为是展现古街区历史文化魅力必不可少的平台，是街区社会治理的"催化剂"。在社会创新实践中，有创意的、受欢迎的原创展览与环境优雅、文化底蕴浓厚的古街区相得益彰，会成为游客的"网红打卡点"，成为游客与社区居民的对话平台，不仅能为当地居民带来直接的经济收益，同时也能促进本地居民积极地参与社区事务，带来交通改善、环境优化等社会效益，这与社会治理现代化所倡导的公众参与目标是一致的。策展人并不仅指在古街区策划展览、丰富街区活动的策划人员，还包括能在古街区改造中扮演园区活动内容统筹规划角色的人才，是懂得商业运作的"经理人"。李永萍在总结台北文创产业发展经验时指出，"培养当地文创策展人才"是文创项目成功的关键。

---

① 季铁. 设计扶贫要坚持"在地、在场、在线"——季铁谈设计与扶贫 [J]. 设计，2020，33（18）：44–49.

（六）多管齐下实现文创治理

基于上文对社会创新实践经验的总结可见，社会创新能以多种方式辅助社会治理工作，然而由于社会问题具有复杂性，文创要想辅助社会治理，可以采用多管齐下的策略。结合上述经验，笔者团队联合"中国纹样博物馆"于2019年10月在海宁长安镇进行了名为"中国传统纹样展"的社会创新实践（见图2-1），该项目以"纹样＋设计"的原创展览为核心，尝试构建开放式的社区交流平台，提升当地居民对传统文化的认知，普及文化创意的概念，发现文化创意型的社会创新对社会治理成效的影响因素，希望通过项目的长期执行，给古街区带来积极的改变。该项目分别在浙江财经大学东方学院影剧院大厅、长安镇寺弄古街两个场地同步开展，由于场地的差异，故两个场地的策展目标略有不同：在校内场地策展中，研究者们将高校视为"微型城市社区"，希望能以原创展览为契机，为全院师生提供开放性的学术交流平台，促进经管类与文化类师生的学术对话，进而为校园文化社区的可持续发展提供建议。为强调学术性，校内展览在陈列纹样高清图与纹样设计海报的基础上，与学院图书馆合作，设纹样图书借阅区，以便观展者进行纹样知识深度阅读；同时，为吸引院内师生参与，还调集了多样化的院内媒体，配合打卡赠礼物的方式，进行宣传推广。改造前的长安镇寺弄古街是不少长安镇居民的旧宅，由于改造需要，大部分居民搬离了此地，故在古街策展中，团队希望为当地社区居民提供家庭成员之间的沟通平台，让他们在漫步中睹物思情、追忆过往。同时，为了吸引家族中年轻人的关注，团队还为此专设了"文创作品专区"，希望通过展示作品，激发社区中的年轻居民参与传统装饰纹样的"改装"。

图 2-1 "中国传统纹样展"现场照片

展览开幕后，团队收获了不少惊喜，不少媒体进行宣传，相关帖文也在社交网络上被大量转发。借助观众的口碑传播，不少周边居民、专业观众慕名来到了展厅，有来展厅借景录视频、开直播的，也有来展厅临摹传统纹样，还有咖啡吧、商业地产的异业合作邀约。一段时间内，展厅成为居民喜爱的"网红打卡点"。当地居民纷纷称赞寺弄古街的展览，希望多多举办这类文化创意活动，以补齐社区文化底蕴薄弱的短板。团队还发现，即便观展者的文化程度不一，但具有一致的"审美观"，同时也不排斥年轻人"改造"传统。团队在策展时希望展览成为交流平台的目标基本达成，寺弄古街展览观众以祖孙两代、祖父孙三代者居多。在观展中，长辈们常指着纹样看板朗读文字说明，向小辈讲述家国故事，家庭其乐融融的场景时常出现。

虽然本次展览已基本达成所设定的目标，但由于持续时间较短，所以还无法评估展览对改善长安镇周边社区居民人际关系的影响。此外，社会创新辅助治理是长期工作，一般需要比较长的时间才能观察到成效。若要发挥社会创新的作用，还需讲究"天时、地利、人和"，居民对解决问题的迫切度、社区所处的经济社会环境、政府支持度与居民参与度等因素都与项目成败息息相关。目前，虽然社会创新在国内社会学界已有过不少讨论，但仍是比较新颖的设计话题，相关的设计手法与措施还不甚完善。正是由于上述不足，不少地方领导对其价值与效果仍有疑虑，但社会创新对当地社区治理的积极影响及其成效有目共睹。[①] 它是项"小投入大产出"的活动，讲究的是"放长线钓大鱼"，地方领导应多支持各类社会创新项目，类似的实践已一再证明：若干年的"辛勤耕种"必将会换来社会治理成果的"大丰收"。

第三节 设计学科的治理意识

一、设计学视域下的设计边界

从技术手段层面看，得益于人工智能技术（artificial intelligence，AI）的发展，设计的能力边界被大大拓展。阿里巴巴推出的"鲁班系统"就是这方面的范例，它能在 1 秒内产出 8000 张海报的设计方案，[②] 其中便是依靠人工智能算法、机器学习。当然，人工智能参与设计并不意味着设计师会失业。作为传统计算机辅助设计（computer aided design，CAD）的最新技术，对于目前 AI 智能化设计所产出的设计方案，仍然需要设计师进行综合判断才能使用，特别是在情感化设计上还一时无法被 AI 机器人所取代。前文提到在文创产品设计方法上，目前已有相当丰富的研究成果，这些设计方法或多或少都隐藏着计算机运算的思维，甚至一些方法本身就有计算机算法的支持，因此这些方法能开发

① 张朵朵，季铁 . 协同设计"触动"传统社区复兴——以"新通道·花瑶花"项目的非遗研究与创新实践为例 [J]. 装饰，2016（12）：26-29.

② 新浪科技 . 设计师要下岗？阿里 AI "鲁班"每秒能制作 8000 张海报 [EB/OL].（2017-11-03）[2022-10-26]. http://tech.sina.com.cn/it/2017-11-03/doc-ifynmnae1606288.shtml.

出相应的智能化设计程序。若与人工智能深度融合，那么，实现博物馆文创产品智能化设计也指日可待了。同时，借助 CAD 技术，在成熟供应链的加持下，也容易形成满足消费者个性化需求的商品自定义系统。[①] 这种个性化的设计系统目前已在山东博物馆（鲁博手礼）等文博机构试用。该系统一般已导入由设计师设计好的图库元素，消费者可以通过手指点选来定制自己喜欢的文创产品；同时，还有 AI 自动推荐或能根据客户方案自动生成其他品类的设计方案。目前这类方式还局限于在产品表面"做文章"，即"纹样化"的开发方式，虽然这符合博物馆文创市场的"长尾"特性，也满足了每个消费者的不同需求，但解决的仍是文创商品层面的问题，并不是博物馆文创设计治理维度需要关注的内容。不过，还是可以作为辅助技术为博物馆文创的发展赋能。

对博物馆文创发展产生实质性影响的还是设计概念维度上的拓展。过去，设计被认为是"美化产品"的手段，人们一提起设计就潜意识地将它与绘画等艺术形式等同起来，因而，大众眼中的设计师也即"美工"；近年来，人们对设计的认知开始逐渐改变。正如知名设计学者辛向阳教授在《设计问题》（*Design Issues*）的译者序[②] 中认为的，中国设计概念的边界伴随着设计教育经历了三个阶段：第一阶段为 20 世纪 80 年代，该阶段完成了现代设计理念的引入，实现了"工艺美术"到"设计"的转换；第二阶段（1990 年中期至 2011 年）是设计概念内涵的探索期，主要提出了设计是"艺术"与"科学"的结合体这一论断；第三阶段（从 2011 年起）中设计学科成为一级学科，在学科名称上去掉了"艺术"的前缀，在此阶段，设计开始发挥其强大的融合能力，与多学科进行了交叉。在这三次改革中，设计的内涵逐渐从只注重外观，转向综合的系统设计。中国美术学院吴海燕教授在阐释其"东方设计学体系"时，也持相似的观点。

---

① 王福英."鲁博手礼"山东博物馆文创智造云平台：盘活文创产业链，古物焕发当代人文之美 [EB/OL].（2020-12-03）[2023-01-26]. https://m.thepaper.cn/baijiahao_10251728.

② 布朗，布坎南，迪桑沃，等.设计问题（第二辑）[M].孙志祥，辛向阳，代福平，译.北京：清华大学出版社，2016.

她认为"设计学科正在完成与其他学科的交叉，以应对创新社会的发展"，在学科交叉的过程中，必然会出现设计哲学、设计经济学、设计法学、设计教育学、设计文学、设计历史学、设计理学、设计工学、设计农学、设计医学、设计管理学、设计艺术学等新学科，这些新学科将满足社会创新，文化旅游，产业转型升级，创意人才培养，可持续发展，文化遗产保护，新能源、自然资源利用，核医学，宇宙城市建设，新型互联网模式建设等方面的社会发展需要。这样的融合并非设计学科"一厢情愿"的设想。实际上，设计学科已经在上述部分领域开始施展拳脚，如交互设计、体验设计、服务设计、组织设计、战略设计等新兴"非物质"设计概念就在不断地发展，并在设计内部进行了融合；同时，已产出了不少成果。

设计学科之所以能从关注"物质"造型向"非物质"设计转变，其中一个重要原因还是上文已提及的"设计思维"。有"中国工业设计之父"之称的清华大学美术学院柳冠中教授，他提出的"设计事理学"理论是具有中国特色的"设计思维"①，他号召设计师要采用"系统设计观"来开展设计实践。他认为，"中国的设计教育不仅是为培养熟练的绘画技工，更重要的是培养出能把控设计全局的'协调者'"，同时这个协调者还应能兼顾各方利益，②即设计师应以产业链为视角来思考问题，并能把控策划、设计、生产、营销、回收的系统全局，这才是他理想中的设计师形象。一般认为，设计思维是找出问题、探求解决问题的思维过程，③而解决问题的前提就是宏观地、科学地把握问题。值得注意的是，这里所言之"问题"，并非局限于实物造型问题，还包括可通过设计驱动来解决的各类社会问题，如老旧小区改造、历史街区复兴等，故此有人提出了"社计"④的概念。

---

① 柳冠中. 事理学方法论 [M]. 上海：上海人民美术出版社，2019.

② 柳冠中. 设计是协调者要兼顾各方利益 [J]. 设计，2019，32（2）：67-68.

③ Marc S. Co-design as a process of joint inquiry and imagination[J]. Design Issues，2013，29（2）：16-28.

④ 陈东升. 从设计到社计的社会学想象 [EB/OL].（2013-12-06）[2022-10-27].http://www.seinsights.asia/story/257/13/1590.

二、博物馆人眼中的设计关系

设计业是服务业的一部分，有明确的甲方与乙方，这种"甲方乙方"的关系模型也被顺理成章地引入博物馆文创中。对博物馆而言，设计就是美化文创产品与展览空间而已，可以外包给合作方来完成。虽然目前博物馆文创产品的开发方式多种多样，但仍与商业授权的合作机制类似，基本逃不出"委托外包"与"自主开发"等方式。[①] 委托外包可以指博物馆直接将博物馆文物资料委托给外部商业公司，也可以指将文物资料授权给外部单位，再由该单位将任务委托给下游单位，若继续向下游外包，则会出现多级外包的情况。但总体来说，这些外部单位会全权负责策划、设计、生产，生产的商品会进入博物馆文创商店进行销售，或通过第三方渠道销售。而博物馆自主开发则是博物馆或将内部员工的设计方案，或将通过举办设计竞赛收集的设计方案授权给外部单位进行生产与销售，或博物馆自产自售。

不论是委托外包形式，还是参加比赛型的自主开发形式，设计师往往处于弱势地位，设计稿需要根据甲方的意愿修改，付出了大量时间却往往拿不到成比例的报酬，这会打击设计师参与博物馆文创产品开发的积极性。博物馆在注重对自身数字文物版权保护的同时，却未对忽略、轻视、侵犯设计师知识产权的行为实施监管与治理。当下大多数博物馆都存在因财政体制束缚无法投入经费进行新产品研发与生产的困境，希望由企业来承担开发风险。若按"甲方乙方"的关系模型看，这样的行为无异于坐收渔翁之利：既想拿到好的设计方案，又不想为设计买单；既想创造经济效益，又不想承担开发风险。虽然这种关系模型能勉强运作，但其实隐藏着不可调和的矛盾：由于其事业单位属性，博物馆重视的是社会效益，有时甚至可以为了社会效益而牺牲经济效益，这就与文创企业对经济效益的追求背道而驰。这种价值观的不同，必然会影响博物馆文创产

---

① 详细内容请参看第四章。

业的健康发展，也容易忽视对产业合作中弱势群体的保护。

上述分析试图指出这种"甲方乙方"的关系模型是博物馆对设计关系的误读，不利于当下博物馆文创产业的发展，也是博物馆文创治理观念上的障碍，需要尽早消除。

虽然设计师深知产品是为消费者而设计的，也深知消费者需求才是设计师应该关注的焦点，但在实践中，由于这种雇佣与被雇佣的关系，在一定程度上，设计师不再围绕消费者，而是按照甲方的要求进行设计。若甲方对消费者的需求有清晰的洞察，那么设计方案还不至于出现严重的问题；但若甲方本身就有错误的认知，那么设计师可能会成为产品难以销售的"替罪羊"。

三、博物馆界中设计与治理的适配

综上所述，设计概念边界的扩展与博物馆界对设计及其关系的认知之间存在着巨大的差异，前者对设计的认知来自设计定义拓展后的"新版本"，而后者对设计的认知还局限于造型设计的"旧版本"。那么，博物馆文创需要的是哪个版本的设计？显然，博物馆文创需要"新版本"的设计。这种新设计理念在社会问题的解决上已经积累了丰富的实践经验与可行的设计工具，不管是参与式设计方法、协同创新方法，还是服务设计、社会创新，这些方法与理论都能用以实现新博物馆学所提出的包容性、可持续性、协商对话等具体要求，也能为缺乏实践工具的博物馆公共文化服务体系构建提供强有力的技术支撑，能消除博物馆学理论在行动上的"假大空"[①]。换言之，设计并非仅能解决文创产品、展览空间等具象的问题，还能为博物馆提供契合文创发展的组织方案，为博物馆界提供更宏观的政策规划。可见，设计是一种强调系统综合的解决问题的能力，其对象也是多样化的。这意味着博物馆界若单纯将设计定位在博物馆文创产品生产上是短视的表现，面对国家的文化治理需求，博物馆界需要借助"设

---

① 段勇.再谈博物馆的多元与包容特质 [J].中国博物馆，2020（2）：11-14.

计思维"的工具，对标国家文化治理的任务，对当前博物馆文创存在的产业事业问题进行全局性的思考，给出系统化的解决方案。

在设计界、管理界发展多年的协同设计、参与式设计、服务设计等理论正好能满足上述需求，将原创展览视为"有形的大商品"，将博物馆文创商品视为"有形的小商品"，将教育活动视为"无形的服务"，三者组合后可形成"产品服务系统"。这是一种将物质产品层面的设计转变为对产品与服务进行整合设计的观念①；同时，它也将设计、生产、营销视为系统主体，②故不仅符合设计的自身定位，也可以解决博物馆文创产业链脱节的问题。可见，未来的博物馆文创设计不仅要关注文创产品本身，更要关注对博物馆的服务设计。目前已有学者从产品服务系统视角对博物馆文创产业进行整合设计的探索，③但其对博物馆文创的认知仍局限于博物馆文创产品阶段，有待进一步拓展。强调"文博大文创"的产品服务系统，也能起到缓解文创商品"同质化"问题的作用，因为在产品服务系统理念的指导下，在展览、教育活动、博物馆文创产品三个部分中创造差异并进行累加，能创造出更大的文创产品差异性。然而，止步于"文博大文创"概念是远不够的，因为"文博大文创"概念只将展览、教育活动、博物馆文创产品三者相结合，其与文化治理的相关性仍没有体现出来，也没有强调公共文化服务体系的建设任务，若以此作为博物馆文创未来发展的方向，仍然会将我国博物馆文创带入只追求经济目标的"死胡同"。因此，中国博物馆文创的突破口并不在于狭义文创产品维度的开发上，也不是只朝着"文博大文创"方向发展，而是应该紧密地围绕国家文化治理的需要筹划自身的发展路径。

博物馆文创产业是发展迅速的产业，也是即将进入"成长期"的产业，它

---

① Ezio M, Carlo V. Product service systems and sustainability: Opportunities for sustainable solutions[R]. Paris: United Nations Environment Programme, 2002.

② Taylor D. Spray-on socks: Ethics, agency, and the design of product-service systems[J]. Design Issues, 2013, 29（3）: 52–63.

③ 罗秋曼，贺孝梅. 基于产品服务系统的博物馆文创可持续性研究 [J]. 包装工程, 2019, 40（8）: 299–304.

有强大的融合能力，能推动文化产业、服务业、旅游业等领域的高质量发展，是 21 世纪被寄予厚望的产业。然而，现今还存在诸多问题，[①] 最重要的问题莫过于博物馆文创产业的领导者——博物馆对文创产业的理解还很有限，对其在文化治理中的角色定位还不够了解，态度也比较暧昧。每家博物馆似乎都想做好文创，但又都似乎不想做好文创。前者是因为头部博物馆通过实践证明文创产业蕴含巨大的经济效益，而且政策层面也给予了大力支持；而后者则是因为博物馆深知开展文创工作的难度，加之在制度上还未能得到完全的保障，因此部分博物馆有了通过技术手段想要"不劳而获"的想法。其实，一家博物馆能不能做好文创工作与它所在的层级、所在的地理位置并无直接关系（因为已有很多不起眼的地方性博物馆推出了令人称赞的文创商品），真正有关的是博物馆是否真正愿意将精力投入均质化的公共文化服务体系建设中去。当然，设计是博物馆文创产业中的重要环节，设计师不能放弃自己在系统中"协调者"的角色，也不能一味地顾低头工作，而不顾产品最终如何销售、消费者是何反馈、所设计的产品是否能辅助社会教育活动的开展、是否有利于公共文化服务体系建设。

---

① 程辉 . 博物馆文创产业研究的现状、问题与方向 [J]. 包装工程，2019，40（24）：65–71.

第三章　博物馆文创的产业调研与问题分析

第一节　产业发展现状概述

博物馆文创市场调研是了解产业发展情况、总结发展成绩、发现发展瓶颈的重要方式，但目前大部分文献中的市场研究都是以当地市场为样本，还缺乏对全国范围内的市场进行调研的报告。虽然线上平台为全国范围的调研提供了便利，但有不少博物馆并未开设网店，造成数据不完整。此外，博物馆文创调研也无法以全国人口普查的方式开展，因此，需要寻找合适的、合理的又能覆盖全国市场的调研方式。对博物馆文创类展会的调研可以作为替代方案，因为这些展会往往有政府的动员令，也往往会按省（区、市）设置展区，这为面向全国范围的市场调研提供了便利。为了使调研数据更加客观，笔者于2016年至2022年间，走访了多个文博文创类展会，如第二届全国博物馆文创产品展览、第十三届中国（义乌）文化产品交易会、第八届中国博物馆及相关产品与技术博览会（以下简称博博会）、第十二届杭州文化创意产业博览会、全国博物馆百佳文创展等，这些展会为博物馆文创产业的现状研究提供了基础材料。虽然这种方式也无法做到面面俱到，但可以从所收集的大量图片资料归纳出博物馆文创产业发展的现状。经过对相关材料的分析，博物馆文创产业的发展现状可概括为以下七点。

一、系列化开发思路已经普及

"产品系列化"是指同一元素（即产品族 DNA[①]）在多种实物载体上的应用，使产品具有"家族化"特征。"系列化"是国外博物馆文创产品重要的特色，如大英博物馆的埃及猫系列文创产品有 36 种，基于日本浮世绘画家葛饰北斋的文创产品有 48 种，罗塞塔石碑文创产品有 56 种，维多利亚与艾尔伯特博物馆的沃塞系列更达 72 种。据初步考证，国内最早采用"系列化"开发思路的博物馆可能是甘肃省博物馆，该馆基于莲花元素衍生出了至少 13 种文创产品。在 2018 年博博会上，湖南博物院的"引导图系列文创"，基于马王堆帛画《引导图》的元素衍生出了约 10 种文创产品；重庆中国三峡博物馆的"盛筵系列"（见图 3-1）基于"鸟形尊"元素衍生出了近 30 种文创产品。

图 3-1　"鸟形尊"系列文创产品

在系列化设计方法上，大多数是先基于某主题设计多款纹样，再在不同的

---

① 罗仕鉴，朱上上.工业设计中基于本体的产品族设计 DNA[J].计算机集成制造系统，2009，15（2）：226-233.

实物载体上进行应用。这种方式不仅让主题统一，又体现了多样性，有效避免了系列化文创产品的单调性。如上文中提及的"盛筵系列"，从"鸟形尊"上提取了一正一副两种元素，或将主副元素结合，或抽出局部，或使用整体，并配以不同的色彩方案，在形成多款纹样后再进行应用，最终开发出系列化文创产品。再如上海博物馆的"博物奇趣"系列，让米奇穿越时空，在"波曲纹"上冲浪，在"水陆攻战"时呐喊、划桨，将上海博物馆的镇馆之宝"大克鼎"的故事在多个产品上逐一展现，这种方式情景感强，类似于"四格漫画"。若仔细分析，还能发现"大克鼎"上的"波曲纹"与米奇相融合形成了具有"大克鼎"基因的米奇形象。最终该馆生产了包括滑板、陶瓷杯、果盘、丝巾、玩偶、背包、T恤、卫衣、笔记本、帆布袋、胶带、礼盒等12类系列化产品。秦始皇陵博物馆的"秦小萌"系列也值得一提，其主打元素是经过卡通化处理的陶俑，在为该陶俑设计了多种姿势后，陶俑被作为纹样应用到人偶、手机扣、钥匙扣、磁贴、橡皮擦、文件夹、鼠标垫、老酸奶包装、明信片、贴纸等10余种文创产品上；此外，该博物馆采用平面构成方法对陶俑进行了多元化艺术处理后，再进行纹样应用。这种系列化开发方法日渐普遍，丰富了文创产品，满足了具有收集欲望的消费者需求，但"同质化"现象越发普遍。

二、商业授权机制已渐现雏形

博物馆文创产业链由博物馆、设计公司、生产商、销售商等四方构成：博物馆拥有各类文化资源IP，其长项是对文物的考证与研究，是博物馆文创产品开发的"领导者"；设计公司擅长将文化元素进行现代转译、创新转化并形成生产图纸；生产商则拥有先进的制造技术，为产品批量化生产提供支撑；销售商则拥有庞大的销售网络、第一手的消费者需求、丰富的营销经验。若上述四方通力合作，定能实现内部共赢，促进产业良性发展，是博物馆文创产业可持续发展的理想模式。

台北故宫博物院与世界知名家居品牌 Alessi 合作推出了"清宫家族""东方传说"两个文创产品系列，产品不仅通过博物馆商店渠道销售，还利用 Alessi 在全球的经销商系统销售到世界各个角落，该案例可谓是博物馆产业 IP 授权的经典。中国国家博物馆"文创中国"平台正在探索适合国内博物馆馆情的授权模式，主要由两种模式构成：①馆藏文物授权模式。博物馆将馆藏 IP 资源作为设计元素提供给由设计公司构成的"云设计中心"使用，生产商则负责根据设计图纸进行生产制造，最后由阿里巴巴等平台负责营销整合，完成产品的全球化布局。②版权图库授权模式。借助博物馆与设计力量的合作构建基于馆藏资源的图库，类似于 VI（visual identity）系统，用图示的方式说明某馆藏元素如何使用、如何深度延展，再授权给生产商使用或参考。目前，中国国家博物馆已通过前者完成了与肯德基、洽洽、邦迪、掌阅、天堂伞、水星家纺、联合利华、得力、阿芙精油等品牌商的合作，取得了良好的社会反响与经济效益。除"文创中国"外，阿里巴巴也建立了类似的版权交易平台"阿里鱼"。

为了进一步激发社会大众参与传播传统文化的热情，台北故宫博物院于 2017 年修改了实行多年的付费体系，免费向社会开放 300dpi 以下的文物图像数据，甚至连商用都无需向博物馆申请。台北故宫博物院之所以这么做，是因为其深知这种授权机制能有效整合设计、生产、营销三方面资源，补齐博物馆的短板，有助于完善博物馆文创产业的"生态系统"。

三、产品包装设计已越发讲究

包装对于打造文创产品品牌、提升其附加值的重要性无须赘言，尤其是食品这一品类，包装是打动消费者的关键，也是这类文创产品的设计重点。在互联网时代，文创产品的包装设计需要体现出新奇感、趣味感、体验感这三大特征。[1]

---

[1]　凌霓，张姮 . 互联网 + 时代创意农业产品的包装设计研究 [J]. 包装工程，2018，39（10）：57–63.

　　北京鲁迅博物馆以"有好茶喝，会喝好茶，是一种清福"（鲁迅《喝茶》）为发散点，将鲁迅自己设计的《野草》《彷徨》《朝花夕拾》《呐喊》四款图书封面改造为"迅乡茶"包装（见图3-2），不仅带给消费者新奇感，也无形中向现代消费者展现了鲁迅不为人所熟悉的书籍装帧设计成绩。再如用鲁迅名言"时间就像海绵里的水，只要愿挤，总还是有的"来涂装的鲁迅主题矿泉水（见图3-3）。虽然其售价（5元/瓶）略高于普通矿泉水，但是正是其瓶身涂装的独特性与新奇感才使产品受到消费者的青睐。

图3-2　"迅乡茶"包装

图3-3　鲁迅主题矿泉水

　　仟吉与湖北省博物馆联合出品的两款文创食品"越王勾践自作用剑"（见图3-4）、"武汉传奇"（见图3-5）深受消费者追捧，这要归功于对上述三大特征的成熟运用。"越王勾践自作用剑"是剑形巧克力：该产品并没有直接包装巧克力，而是把巧克力藏于可可粉之下，若想食用，需先使用附赠的刷子、镊子等工具像考古一样将其发掘出来，模拟了考古的过程，也借助了产品语义学理论。产品的外包装也可圈可点，外包装由内外两部分构成，外层是印上了栅栏的塑料壳，内部纸壳上印着勾践用不同的姿势手握青铜剑，拉动外层塑料壳，内部纸壳上的勾践就会上下摇动，就如在"舞剑"一般。虽然食物特色不明显，但包装却开口说话，让消费者感到惊喜，无形中刺激了消费。而"武汉传奇"是糕饼礼盒，该产品在设计上，通过应用产品语义学理论，用棒状饼干来模拟"睡虎地秦简"，让不少消费者拍手叫绝。在产品包装上，将武汉的标志性建筑黄鹤楼、湖北省博物馆等形象立体化，不仅色彩搭配非常现代，也具有很强的装饰性，适合作为室内摆设。

图 3-4　越王勾践自作用剑

图 3-5　武汉传奇

四、产品体验设计已日渐丰富

若要增加产品的体验感，过去常采用涂色、折纸、拼图、棋类游戏等方式，目前已逐渐发展为使用 3D 打印、AR、VR 等技术。虽然上述技术还有诸多不成熟的地方，但是技术的应用增强了人与文创产品之间的"交互性"①，通过全新的体验让消费者更好地了解中国传统文化。同时，新技术也有效创造了差异性，使产品避免被贴上"同质化"的标签，这或许也是解决"同质化"问题的思路之一。

----

① 辛向阳，曹建中 . 定位服务设计 [J]. 包装工程，2018，39（18）：43—49.

儿童教育是博物馆宣教部门的重要任务，借助于越来越成熟的 3D 打印技术，市面上出现了安全性高的低温 3D 打印笔，已有博物馆使用该产品指导儿童打印并组装出"菩提树"（见图 3-6）。这种打印就如绘画一般，只要在透明塑料纸上，按照图样画出各个部件，待冷却后，就可组装成立体的"菩提树"。上海博物馆与中信出版社联合出版的《乐游陶瓷国》绘本（见图 3-7），除了涂色、粘贴、描红等传统体验方式外，还使用了 AR 技术。先为花瓶涂色，再使用专用 APP 的 AR 功能，便能使所涂色的花瓶变为立体，还能 360° 旋转、放大缩小，也具有讲解功能，这为小读者提供了丰富的产品体验。对于中国国家图书馆根据《永乐大典》所收录纹饰而开发的"永乐大典纹样丝巾"，消费者在使用天猫精灵 APP 扫描产品后便可获得关于丝巾纹饰原图及其寓意的语音讲解。

除了上述通过在实物上额外加载新技术来提升产品体验性的案例外，有越来越多的数字化产品出现，它们是没有实体的虚拟产品，给消费者带来了沉浸式的文化体验。这些产品有大有小，大到需要在博物馆展厅中才能体验，如"万物有灵——清华大学文化遗产保护与创新研究成果展"上出现的"骷髅幻戏图"艺术装置、《韩熙载夜宴图》互动演绎等；小到能装到手机中进行把玩，如故宫博物院与中央美术学院合作推出的三希堂 VR 眼镜：三希堂是乾隆帝的书房，但空间狭小，无法使用常规方法对外开放，游客只要佩戴上这款简易的 VR 眼镜就能欣赏到三希堂内部的各个细节。该产品操作简单、价格适中（售价 40 元 / 副），眼镜实体由卡纸盒折叠而来，数字化部分则是利用手机 APP，只要将手机放入卡纸盒，就能充当 VR 眼镜使用。

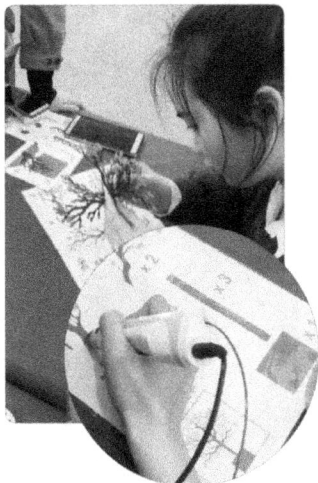

图 3-6　"菩提树"

图 3-7　《乐游陶瓷园》绘本

五、文创产品品类已日益多元

很多涉及文创产品设计的早期文献都提到了"便携性"原则，如沈玉清、[①]
石美玉、[②] 杨从锋 [③] 等，该原则同样也在新近的研究中反复出现。但"便携性"不
再是文创产品开发必须遵守的原则，因为今日物流服务发达，即便是体积较大
的产品也可快递到家。[④] 这样一来就在无形中拓展了文创产品的品类范围，只要
定位明确、价格合适，办公文具、数码配件、厨房用具、家居装饰、家具灯具、
服饰箱包、玩具、日用品、食品、彩妆等品类都可作为文创产品开发的对象，
这给了设计师更多的自由。

例如，苏州博物馆为使其咖啡吧更具有馆藏特色，于 2015 年在业界率先推
出文创食品——"国宝味道之秘色瓷莲花碗曲奇"，创造了近 30 万元的年销售
额。[⑤] 由于具有价格低、消耗快等优势，文创食品已成为各博物馆争相开发的品

① 沈玉清 . 旅游商品经营初探 [J]. 社会科学，1983（4）：70-74.
② 石美玉 . 中国旅游购物研究 [D]. 北京：中国社会科学院研究生院，2003.
③ 杨从锋 . 旅游纪念品地域文化特色的形成之研究 [D]. 无锡：江南大学，2004.
④ 程辉 . 对旅游纪念品设计的三点思考 [J]. 设计，2015（19）：88-89.
⑤ 蒋菡 . 博物馆文创产品开发的实践与思考 [C]// 江苏省博物馆学会 . 江苏博物馆群体内部的交流与合作 . 南
京：文物出版社，2015.

类。截至 2018 年底，约有 10 家博物馆结合馆藏元素进行了文创食品开发，如糕饼、茶、雪糕等。除了文创食品，文创香品也在不断创新，这类产品一般是以香囊或加入香料的健康枕为主，但鲜有如湖南省博物馆的"鼻尖上的湖南"（见图 3-8）系列一样，该产品使用精油调制，所推出的臭豆腐味精油气味可以达到以假乱真的地步，同系列还有"烟雨凤凰""渔歌唱晚""美人泪"等共六款不同气味，这一系列的产品迎合了年轻人求新求异的潜在需求，不仅让气味成为游客的留恋之物，也开创了将城市气味带走的先例。故宫淘宝与故宫文创之间的"宫斗戏"让文创彩妆品类出了名，彩妆品类包括口红、眼影、腮红、粉饼等（见图 3-9）。这类产品定位年轻女性群体，成本低、利润多、市场大。该品类中，"敦煌红莲灰"口红可能是最早出现的，敦煌研究院文化创意研究中心从敦煌壁画里提取了"红莲灰"将其制成口红，并特意在口红管底使用了"三兔藻井"纹样。由于定位精准，据报道该产品一经推出两小时内就预订超过两万套。

图 3-8 "鼻尖上的湖南"

图 3-9 文创彩妆

六、文创产品营销已趋线下化

2019 年 8 月，清华大学文化经济研究院与天猫联合发布了《2019 博物馆文创产品市场数据报告》，该报告认为 2018 年以来博物馆入驻天猫的速度加快了，截至发布日，全球已有 24 家博物馆完成了天猫入驻工作。有人对该报告进行了解读，认为"全球博物馆已出现了集体上网潮"①。为了了解天猫中的博物馆数，笔者首先尝试搜索最新版的天猫文创数据官方报告，但未成功。随后，笔者在淘宝网中以"博物馆"为关键词搜索天猫店铺（2022 年 10 月 27 日），并对所得结果进行了求和计算。② 结果显示：2019 年后，天猫上的博物馆数增幅并不如预期，没有延续所谓的"集体上网现象"。目前，"已上网"的博物馆占全国博物馆总数的比例非常低，③ 几乎可以忽略不计。博物馆并没有持续出现"集体上网"的原因是，现阶段我国博物馆还不具备上网的时机。国内博物馆文创产品还未像发达国家一样发展为日常生活必需品，目前还是小众市场。现阶段，博物馆文创产品的消费者一般是以外地游客为主，因为本地居民大多只对博物馆的文化设施、文化活动感兴趣，④ 他们过于熟悉本地文化，故很难对博物馆文创产品产生兴趣。外地游客购买博物馆文创产品的原因有"留念需求"，这种需求在游客即将离开时会变得异常强烈，除了拍照留念，博物馆文创产品便是理想中的"旅游纪念品"⑤。"留念需求"强调消费场地的"原真性"⑥，若外地游客未到过该馆，即无"留念需求"，在此情况下通过网络商城购买文创产品的可能性不大，除非它是"网红"商品。国内多数博物馆文化都属于弱势的地方性文化，无法完全复制大英博物馆、维多利亚与艾尔伯特博物馆、故宫博物院、中国国家博物馆、上海博物馆等知名博物馆开通网络商城的方式拓宽文创产品

①　2019 博物馆文创产品市场数据报告 [J]. 公关世界，2019（22）：19-22.

②　约有 30 家，包括故宫博物院、中国国家博物馆、上海博物馆、湖南博物院、甘肃省博物馆等。此外，还有央视《国家宝藏》栏目组的线上旗舰店"你好历史"、故宫博物院的多家天猫店铺。

③　相关数据显示，2021 年我国备案博物馆总数为 6183 家。（参见：张建林．文物事业十年成就：现代博物馆体系基本形成，增编扩岗培养人才 [EB/OL].（2022-10-21）[2022-10-27]. http://www.bjnews.com.cn/detail/166633862014930.html.）

④　季文燕．基于观众心理需求分析的博物馆文创产品与服务拓展思考——以中国妇女儿童博物馆为例 [J]. 中国博物馆文化产业研究，2015（0）：104-111.

⑤　程辉．以"文创产品"为主题的文献综述研究之一 [J]. 工业设计，2018（2）：29-30.

⑥　吴霞，卢松，张业臣．国内外旅游纪念品研究进展 [J]. 云南地理环境研究，2015，27（3）：25-32.

的销售渠道，因此，更需要务实地在线下渠道进行产品营销。众所周知，用户的购买行为与品牌感知、质量感知、服务感知等有关，消费者在获得良好的感知后，做出"冲动"购买决定的概率就会提高。因此，若能利用"饥饿营销"创造产品的稀缺性、独家性、实惠感，就能满足消费者的"留念需求"，提升文创产品营业额。综上所述，若要提高文创产品收入，国内地方性博物馆应该对线下实体门店加大投入，同时适度弱化线上销售，这也是博物馆未出现"上网潮"的根本原因。

博物馆需要强化线下销售的另一个原因就是线下售卖有利于营造"体验感"。在体验经济中，博物馆是观众体验历史的重要场所，也是创造文创产品差异化的一种手段。在 2018 年博博会上，就出现了很多主动营销现象，这也是出于增强服务体验的初衷。如陕西历史博物馆的工作人员为推销"文物日历"等相关文创产品进行唐朝装扮：头发盘成坠马髻，搭配正在出售的发簪，为消费者制造出了"梦回唐朝"的感觉，若再配合独特的"唐代风格"的购买空间，便在无形中激发了消费者的"留念意识"。再如秦始皇兵马俑博物馆用卡通人偶来吸引消费者的目光。

七、对消费者的洞察越发深入

电商平台的发展为博物馆文创产品的开发提供了基于大数据的用户画像，帮助博物馆文创产品开发者更深入地理解消费者需求，也为文创产品的品类选择、售价制定等提供参考。根据阿里大数据，[①] 博物馆文创产品的消费群体结构为：19—35 岁约占 68.37%，女性占 75.9%，分布在一、二线城市的占 66.1%（一线占 36.0%，二线占 30.1%），消费等级在 L4—L5 级的占 52.7%（L4 占 29.7%，L5 占 23.0%）。因此，典型的博物馆文创产品消费者是"追求高品质生活的都市

---

① 该阿里大数据的统计时间为 2017 年 11 月至 2018 年 10 月，具体来源是 2018 年 10 月前入驻的 8 家天猫博物馆官方旗舰店。相关资料取自浙江天猫技术有限公司代表于 2019 年 3 月 17 日在由浙江省博物馆主办的"文化与文明浙江文创论坛"中所做的报告。

高消费女性青年"。这就意味着博物馆文创产品的开发需要尽可能地满足这类群体的生活需要。此外，阿里大数据对热门的文创品类进行了分析，认为家居日用、文化娱乐是博物馆文创的核心品类，具体包括文具、礼品、钥匙扣、笔记本、文教用品等。当然，对这些品类的归纳是把"双刃剑"，好的一面是为博物馆文创产品的开发提供了直接的建议；而坏的一面是可能会进一步恶化文创产品的"同质化"现象。可见，大数据的使用也考验着博物馆的智慧与决定，是迎合大数据的品类建议，还是推出不一样的品类。虽然前者表面上看能降低博物馆文创产品的开发风险，但实际上可能会造成库存积压；后者表面上会使开发者面临更多的不确定性，但也暗藏着出现爆款的可能性。

第二节　产品开发的专项调研

一、博物馆文创的同质化现象

一直以来，博物馆文创产品的"同质化"问题都是产业顽疾，不少研究者在论文中反复提及该问题。[①]不管是在过去的旅游纪念品阶段，还是在今日的博物馆文创产品阶段，在对文创产品市场的调研中都发现，产品的"同质化"现象一直存在，并没有得到大幅的改善。对消费者而言，文创产品并非生活必需品，有趣、好玩、与众不同才是影响其购买行为的主要因素，此后才是价格、功能是否符合他们的要求。因此，产品雷同性成了妨碍他们购买最主要的负面因素，可见解决产品"同质化"问题是产业界、学术界需要共同面对的难题。

在相关文献中，2013 年前后的"同质化"指的是"产品地域特征不明显"，因为当时的博物馆不重视自主设计，所销售的纪念品都是采购而来的，因此很多纪念品上只是简单地印上"某博物馆留念"，或是博物馆的标志；在 2016 年

---

① 杨勇.旅游纪念品市场同质化与信誉机制的构建 [J]. 开发研究，2006（4）: 83-86；包富华，王志艳，程学宁.旅游纪念品消费特征及其满意度分析 [J].河南科学，2017，35（3）: 494-500.

到 2018 年间，博物馆开始重视自主开发，设计力量也逐渐加强，文创产品"同质化"的含义发生了变化，开始指各博物馆之间的文创产品缺乏明显差异性。此外，博物馆文创产品存在创意不足、地域特征不明显、功能元素强制拼凑、获奖作品无法商业化、三维类产品偏少、产品价格偏高等问题，[①] 它们在一定程度上恶化了文创产品的"同质化"现象。仔细分析后，我们发现部分问题是"同质化"的表现形式，而另一些则是"同质化"的直接成因。苏州博物馆的蒋菡以实践者身份指出缺乏创意设计是导致出现产品"同质化"的原因，[②] 她其实指向的是文创产品设计方法缺乏体系化的问题；但从产业运作方式来看，产品"同质化"与产业发展不健全、供应链不成熟等息息相关，而这隐含着博物馆文创产业缺乏成熟商业模式的问题，即商业授权在国内博物馆界的探索与实践还存在不足。[③]

（一）产品设计方法维度

首先，就产品设计方法维度而言，产品同质化主要是因为学界并未就产品设计方法进行研究，亦即未建立产品设计的方法论体系。按照学术定义，方法（method）是人们按照自己对世界的理解而改造对象的手段与途径的总和，而方法论（methodology）则是与方法有关的理论。传统意义上的方法论主要是指认识论，后来，经过马克思对实践的强调，实践论也成了方法论的组成部分，现代意义的方法论是人们为了实现既定的价值目标，对某特定对象系统内使用的方法所进行的理论总结。[④] 设计与方法及方法论相结合，就构成了设计方法（design method）与设计方法论（design methodology），前者是指开展设计实践时所采用的具体设计方法；而后者并不是指为设计提供具体方法，而是一门将设

---

① 程辉. 基于产品视角的旅游纪念品设计探析 [D]. 杭州：浙江理工大学，2015.
② 蒋菡. 博物馆文创产品开发的实践与思考 [C]// 江苏省博物馆学会. 江苏博物馆群体内部的交流与合作. 南京：文物出版社，2015.
③ 程辉. 博物馆文创产品"同质化"问题成因研究 [J]. 艺术与设计，2019（4）：95-97.
④ 张黔. 设计方法论的构成谱系 [J]. 设计艺术研究，2017，7（2）：41-46，57.

计活动作为对象的学科。① 设计方法论学科主要研究设计过程，具体分为两方面：一是设计过程的主要结构，二是怎样的设计过程能有效产出成果。若以人类最主要的三重价值（真、善、美）为标准，设计方法论又能简化为：求真的设计认识论（研究设计活动的特征）、求善的设计伦理学（研究设计的价值追求）、求美的设计美学（研究设计的形式美）三类。② 从当前的博物馆文创研究成果看，大多数文献的关注点是在求美的设计美学领域，求真的设计认识论、求善的设计伦理学等层面未受到研究者过多的关注。

正如上文提到的，产品同质化的根源之一是程式化的博物馆文创设计方法。③ 虽然每家博物馆都有自己的特色馆藏，但开发者仍然无法做到设计方案"一馆一案""一文物一案"，普遍的做法就是"套模板"。只要一馆的某件文创产品热销，短时间内其他博物馆也会推出自己的版本，这就是采用程式化设计方法导致的后果。如在故宫博物院推出"故宫日历"后，全国多家博物馆相继推出了本馆的文物日历，这些日历在产品外观、宣传方式上都出奇的相似。再如文创雪糕作为新晋的"宠儿"受各博物馆、景区追捧，一度成为头条新闻。据相关研究者的不完全统计，在全国31家省区市（不包括港澳台）博物馆中，有16家博物馆推出文创雪糕，④ 这些文创雪糕在造型、包装、口味设计上基本雷同。不管这些不同馆的文创产品是由同一家机构供货，还是各馆供应商之间有意识的借鉴模仿，所采用的设计方法大同小异。正是由于缺乏产品设计的方法论体系，博物馆之间出现了这种盲目跟风的现象，但这并不能简单解释为"为了满足消费者的需求"。这种跟风现象的严重程度，可以从胶带这一品类中一窥究竟。自从台北故宫博物院推出"朕知道了"胶带后，几乎每家博物馆都

---

① 沈克宁. 设计方法论并非设计方法 [J]. 华中建筑，1996（2）：44–46.
② 张黔. 设计方法论的构成谱系 [J]. 设计艺术研究，2017，7（2）：41–46，57.
③ 程辉. 博物馆文创产品"同质化"问题成因研究 [J]. 艺术与设计（理论），2019，2（4）：95–97.
④ 钟鑫森. 浅析国内博物馆文创食品研发 [C]// 中国博物馆协会文创产品专业委员会. 博物馆文创实践与研究. 北京：学苑出版社，2022.

有各自馆藏版本的胶带。据笔者不完全统计（见图 3-10），国内博物馆、景区几乎穷尽胶带加工的各种工艺、纹样编排的各种形式，先后共推出约 340 种不同图案的胶带，若再加上市场上其他的胶带种类，保守估计市面上胶带的数量可能已有上千种，这极易在博物馆间引发恶性竞争。难怪，台北故宫博物院在其一份报告中，明确将胶带列为不推荐开发的品类。

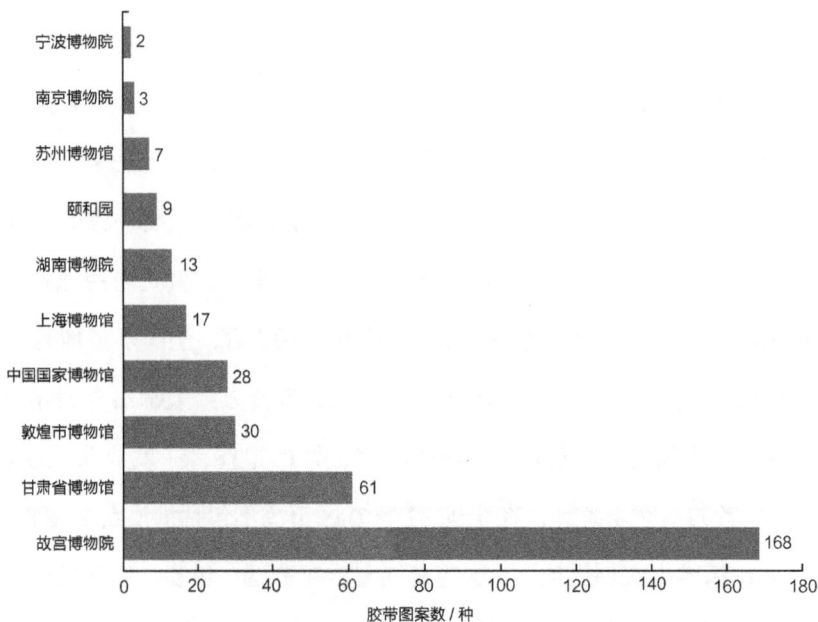

图 3-10 市场中的胶带图案数量统计

虽然大英博物馆、维多利亚与艾尔伯特博物馆、台北故宫博物院、故宫博物院等国际知名的博物馆在文创产品销售上都创造了很好的成绩，但它们的发展模式仍不能成为国内各地方性博物馆直接模仿的对象。与知名博物馆相比，地方性博物馆在人流量、藏品质量、专业团队等方面都处于劣势，若在博物馆文创产品开发方法上完全照搬它们的成功经验无疑会遭遇"灭顶之灾"[1]。以开发思路为例，大英博物馆在为罗塞塔石碑开发文创产品时参照了"VI 延展"的

---

① 吴信华. 博物馆文创要注意的陷阱 [J]. 中国博物馆文化产业研究，2015（0）：362-365.

做法，即将经过提炼的图形元素以平面化工艺（如印刷、刺绣、针织等）"印"到各类产品表面。虽然该馆通过这一思路开发出了涉及服饰、首饰、文具、家居、厨房、食品、数码配件等七个品类、56 种文创产品，形成了文创产品系列化，但这样的思路却为后来的效仿者埋下了"同质化"的陷阱。若抛开国际上文创产品的开发先例，甘肃省博物馆的莲花形玻璃托盏文创产品（见图 3-11）的开发思路是值得肯定的，这种设计方法速度快、成本低，能有效形成系列化产品，增加本馆文创产品的种类。

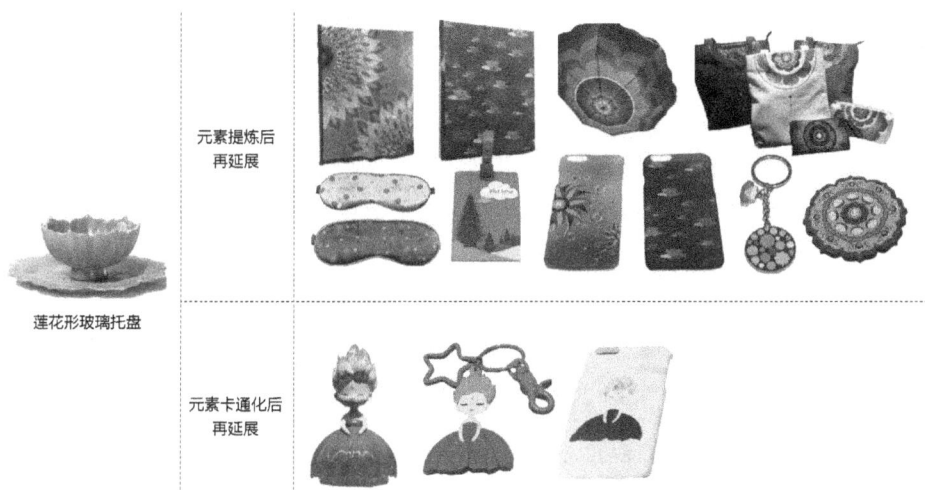

图 3-11　甘肃省博物馆的莲花形玻璃托盏系列文创产品

从已有的产品反推其开发思路，可以发现该系列产品大致沿着以下两个方向进行开发。

方向一：元素提炼后再延展。先将托盏提炼为若干种图形纹样，如莲花次第开、两相思、莲漾、步步生莲、锦宴莲花等元素纹样，再分别进行延展。

方向二：元素卡通化后再延展。先将托盏形象化使之成为"蓝莲仙子"，或将形象作为纹样再进行延展。

虽然这种开发方式具有一定的优势，但由于大多数博物馆都采用相似的设计方法开发文创产品，就会在消费者购买时给他们一种似曾相识的感觉，这种感觉会干扰消费者做出购买决定，会无形中引发消费者回忆或思考："我好像在哪里见过，还买过类似的产品。""这件产品似乎没什么特色，到哪里都能看到。"当消费者出现这样的感受时，这件文创产品就很难再打动消费者了。

由此可见，文创产品开发必须结合各自馆情制定开发思路，也应该借助一定的方法论体系。博物馆文创产品开发是一项系统工程，其目的是销售，因此不仅应结合博物馆自身定位及规划，也需要统筹考虑商品包装、营销策划、售后服务等内容，而"产品系统设计理论"[①]恰可用来解决上述问题，因为它是产品开发标准化管理的成熟理论，虽然设计工作者较为熟悉，但是很少用于博物馆文创产品开发中。该理论认为：在提出产品设计概念前，需要先通过市场调查分析，确定消费环境、产品形象、市场细分空间、目标群体、价格定位等要素；再通过研发小组的头脑风暴以构思产品，确定开发定位，进而深入勾画产品形象；然后基于消费者调查数据，由研发小组分析确定产品概念，结合拟开发的馆藏元素进行企划讨论，确定产品的用途、性能、功能、外形、生产方式、流通渠道、营销方式。综上可知，研究者应基于该理论，构建出完善的产品设计方法论体系，来解决产品商业化过程中的开发思路雷同、设计手法雷同、营销方式雷同等"同质化"问题。若大多数博物馆都能使用基于产品系统设计理论而构建出的产品设计方法论体系进行文创产品开发，有助于形成多样化且具差异性的文创产品。

（二）商业化运营的维度

另外，就"商业化运营"维度而言，产品同质化主要指博物馆文创商业化运作的支持系统建设还不完善，包括文创供应链的建设、多样化商业模式的设计等，但上述联络机制与商业策略的实现并不是政府的责任，而是需要参与文创产业的各类机构通过发挥创意来构建解决方案，这样才能体现出特色，实现

---

① 吴翔.产品系统设计：产品设计（2）[M].北京：中国轻工业出版社，2000.

差异化发展，而商业授权制度就是实现产业"自主造血"的关键，这套机制只规定了如何与博物馆进行合作，但却未涉及合作的具体内容。换言之，外部机构与博物馆是在产品方面合作，还是在服务方面合作，抑或是在产品服务系统方面合作，都是由双方协商确定的，这就为多样化的博物馆文创产品开发提供了可能。这种多样性的实现主要依赖文博文创生态系统的搭建，对博物馆文创产业而言，这是相当重要的工作。

文博文创生态系统类似于自然界中的生态系统，有学者用生态群落理论将文创产业系统分成"生产者、消费者、寄生者、分解者、环境"等系统要素。[①]其中，生产者是指创意内容的提供者，主要是指如文创产品设计师、画家、编剧等内容生产者。消费者并不是指市场上的终端用户，而是指消费创意内容的实体，包括购买创意内容的企业、使文创产品落地生产的供应商以及参与内容分销的渠道商。在现实中，往往会存在多级消费者。寄生者是指依附于消费者而存在的实体，它们为消费者提供技术服务、金融服务等领域的支撑，如为文创产品设计提供方案智能生成技术、文创项目融资、知识产权确认与维权等服务。环境是指文创产业得以生存的宏观经济与社会环境，包含有机环境与无机环境两类。其中，有机环境是指文创产业与其他产业的协调发展能力，即文创产业的跨界融合能力，它更多的是指文创产业所处的经济环境；而无机环境则指文创产业所处的社会环境，包括国家的文化政策、社会对文化消费的接受度等。虽然这两种环境对文创产业的发展都有积极的促进作用，但相对而言，有机环境对文创产业的促进作用更为明显。[②]对生态系统而言，食物链是维持系统可持续发展的重要关系网，而对博物馆文创而言，维持该系统可持续发展的关系网就是商业授权制度，这一制度确保了关系网中的各个主体能自由地产出

---

① 刘寿吉，戴伟辉，周缪. 创意产业的生态群落模式及专业性公共服务平台研究 [J]. 科技进步与对策，2009，26（17）：49-53；王向丽. 创意产业生态系统演化的影响因素分析 [D]. 天津：天津理工大学，2013.

② 李佳. 区域协同创新能力与文化创意产业生态系统演进关系研究 [D]. 杭州：中国美术学院，2018.

并从中获得收益，保障了文博文创生态系统的可持续化发展。

具体来说，博物馆通过商业授权制度，将其具备独立知识产权的数字馆藏文物资料有偿或无偿地开放给社会。至于资料的共享，其方式也是多样化的，有采用设计竞赛的渠道外共享材料的方式，也有通过版权交易平台外开放数字资料的做法；作为生产者的设计师则是基于上述资料进行文物的创意设计，其结果为若干个文创产品设计方案；此后，这些产出的设计方案会被文创企业消费，供应商负责生产制作，营销机构负责产品的宣传与推广；系统中的寄生者则为生产者、消费者，甚至生态系统提供各类服务支持；最后，该系统生产的博物馆文创产品将被市场中的用户消费，他们就是文创生态系统中的分解者。商业授权制度是一套确保系统中各实体获得合理利益分配的体系，在成熟的商业授权制度中，各实体所能获得的利益比例以合同的方式固定下来，这无疑为各方利益的保障提供了书面文本，能保护设计师的合法利益，有利于激发他们的创作积极性。然而，遗憾的是，这一制度在我国博物馆文创界并没有得到全面的实施。

以上是对博物馆文创同质化现象原因的简单说明，为了进一步理解上述两大领域的发展现状，笔者进行了专项调研。其中，设计方法专项调研采用文献调研的方式，而商业授权制度专项调研则采取市场调研的方式。

二、设计方法的专项调研

通过知网检索，笔者发现《包装工程》是刊发"文创产品设计"研究的重要期刊，本主题刊文量占比为82.39%。[①]作为设计学科重要的期刊，该期刊上的研究论文能代表国内文创产品设计研究前沿，因此这部分论文是本综述研究的重点。由于文创研究在不同发展阶段所使用的术语并不统一，因此借助软件工具使用关键词进行文献筛选会造成重要文献的遗漏。为解决此问题，笔者先通

---

① 检索时间为2020年11月11日，检索方式是以"文创产品设计"为主题在知网中进行检索。

过对 108 期设计艺术类专刊^①上的所有文献题目与摘要的阅读进行了人工识别，初步确定了 1100 余篇相关文献，再根据论文中的参考文献进行了延伸阅读，确定了基本的共引文献网络，最后根据文章中的设计方法进行归类。

设计研究的发展与产业需求密切相关。文创产业注重"文化内涵的厚度、创意感动的深度、产业受众的广度"，其中，"文化内涵的厚度"是建立在文化研究基础上的，需要借助知识库才能使文化完成现代转译；"创意感动的深度"则要求设计迎合"人性"，通过"故事性"情境的搭建塑造良好的"体验"经历；而"产业受众的广度"要求文创产品设计师在理解产业特征的基础上，围绕"用户感知"进行商业设计。由此可见，文创产品设计需围绕文化性、商业性、消费者、体验设计、叙事设计、现代转译等内容展开，它们也是文创产品设计研究的主要内容。

从研究脉络看，"以用户为中心"是工业产品设计的重要原则，该理论由唐纳德·诺曼（Donald Norman）提出，其在代表作《情感化设计》中将产品设计分为"反思层、行为层、本能层"。大多数文创产品设计研究也基于此原则展开，香港理工大学梁町等较早提出了"文化空间"模型，包含"内在层次、中间层次、外在层次"三层。^②该理论为文创产品设计研究奠定了基础，与马林诺夫斯基（Malinowski）的"器物、组织、价值"文化层级理论相类似。^③此后，浙江大学潘云鹤、^④湖南大学易军、^⑤台湾艺术大学林荣泰等学者大多基于此模型开展研究工作。其中，林荣泰提出了文化特色转换产品设计的属性层次，将设计流程划分为"撷取文化符号特色、形成设计概念定位、展开文化产品设计"等步骤，并与之相对应。一定程度上，该由内而外的三层次模型与设计流程已

---

① 具体是 2011 年第 2 期至 2019 年第 24 期，该期刊偶数期为艺术设计类专刊。

② Leong B D, Clark H. Culture-Based knowledge towards new design thinking and practice: A dialogue[J]. Design Issues, 2003, 19（3）: 48–58.

③ 马林诺夫斯基. 文化论 [M]. 费孝通，译. 北京: 华夏出版社，2002.

④ 潘云鹤. 文化构成 [M]. 北京: 高等教育出版社，2011.

⑤ 易军. 长沙窑事物原型获取与数字化表征 [D]. 长沙: 湖南大学，2014.

成为文创产品设计研究与实践的范式，故本书也将依照此范式展开综述。

（一）撷取文化风格特色

"文化性"是文创产品区别于普通工业产品的关键，文创产品设计实践也表现为对文化内涵的追求。只有扎实的传统造物美学研究基础，才能支撑文创产品的设计开发，才能实现、强化文创产品上的"文化性"。在撷取文化风格特色中，主要分为已开展多年的中国传统造物研究、新兴的包含文化计算在内的文化量化研究等两类。

1. 传统造物研究

传统造物研究是文创产品设计的基础，成果大多在艺术学、设计学、历史学、考古学、人类学、文化学、社会学等学科领域中产出，研究以分析造物的历史背景、工艺技术、审美意趣、造型特征、文化意涵等为主。例如，张道一针对基于"图案学"理论的敦煌莫高窟装饰艺术研究系统总结了其构成规律。[①]李砚祖对春秋战国时期工艺美术理论的研究揭示了中国传统工艺思想的发展史及其与社会文化发展的内在关系。[②]韩荣以执壶为研究对象，整理了从唐至宋执壶艺术的局部形体、整体比例、材质纹饰的变化谱系。[③]肖华亮、林丽等基于设计学对苗族银饰特色进行了分析。[④]张宗登、刘家维、张红颖基于设计学研究了楚国漆豆的形制，揭示了楚文化在楚地器物设计上的应用规律及特征。[⑤]王月磊运用文化多元性理论对中国传统家具文化进行分析，寻找了家具文化保持民族性的遗传机制。[⑥]黄慧、李相武对传统银器的仿生设计进行了研究，总结了设计手法的特点与应用方式。[⑦]姚江、封冰基于对青铜爵社会属性的追溯，

① 张道一. 敦煌莫高窟的装饰艺术 [J]. 南京艺术学院学报（美术与设计版），1979（2）：49-54.

② 李砚祖. 韩非子工艺思想评述 [J]. 南京艺术学院学报（美术与设计版），1986（3）：19-27.

③ 韩荣. 唐宋时期执壶艺术比较研究 [J]. 装饰，2008（8）：124-125.

④ 肖华亮，林丽，闫龙华，等. 基于设计符号学的苗族银饰解析与演化的旅游纪念品设计 [J]. 包装工程，2018，39（14）：221-226.

⑤ 张宗登，刘家维，张红颖. 楚国漆豆的形制与礼仪特征 [J]. 包装工程，2018，39（8）：23-27.

⑥ 王月磊. 从文化多元性的角度探讨中国传统家具的传承与发展 [J]. 包装工程，2011，32（2）：127-130.

⑦ 黄慧，李相武. 传统银器中的仿生设计 [J]. 包装工程，2011，32（14）：67-70.

以产品设计的视角分析了青铜爵的用途变化、造型特征。[①] 王亚丽、袁恩培、刘富升基于唐代设计观念与宗教信仰，分析了神兽钮铜镜的构图方式及图案寓意，进而概括了神兽钮的设计特征。[②] 这些研究是实现我国传统文化创造性转化、创新性发展的基础工作，研究所采用的方法、所形成的范式、所积累的成果为开展文创产品设计奠定了扎实的基础，也夯实了文化基因库的建设基础。

2. 文化基因库研究

传统造物研究所形成的文化设计资料不能直接用于现代文创产品设计中，还需要有一套能辅助文创产品设计决策的知识服务系统，其底层是能方便设计师选择特征文化元素的文化数据库，即"文化基因库"。国内学者构建文化基因库多采用人工提炼的方式，大多针对特定的文化目标，如苟秉宸、于辉、李振方等针对半坡彩陶文化，利用遗传理论构建了包含图案、色彩、形态的文化基因库，并利用该服务系统完成了半坡鱼纹调料瓶的设计。[③] 近年来，随着计算机技术的发展，文化基因库建设也日趋智能化，出现了借助计算机进行文化元素提取的研究，如"文化计算"。该概念由日本京都大学的 Tosa Naoko 于 2005年提出，这是将数字技术应用在文化领域，探索文化发展规律、解释文化内在联系，同时进行可视化分析与展示的方法。[④] 如罗仕鉴、董烨楠尝试为文创产品设计师构建面向创意设计的器物设计知识展示系统，并在该系统的协助下实现了"鼎文化"的主题茶具设计。[⑤] "元数据"是"文化计算"研究的重要领域之一，我国也有不少学者参与研究，如林荣泰早年就提出了使用"三层次模型"来存储文物信息快速实现从文化资料到设计知识转化的想法。赵海英、贾耕云、陈洪以国际上较成熟的 DC 元数据标准为参考，结合服饰图案特点，对苗

---

① 姚江，封冰. 从青铜爵的造型文脉到现代酒具设计 [J]. 包装工程，2013，34（14）：65-67，91.

② 王亚丽，袁恩培，刘富升. 唐代神兽钮铜镜的设计特征探析 [J]. 包装工程，2017，38（20）：245-249.

③ 苟秉宸，于辉，李振方，等. 半坡彩陶文化基因提取与设计应用研究 [J]. 西北工业大学学报（社会科学版），2011，31（4）：66-69，104.

④ 赵海英，贾耕云，潘志庚. 文化计算方法与应用综述 [J]. 计算机系统应用，2016，25（6）：1-8.

⑤ 罗仕鉴，董烨楠. 面向创意设计的器物知识分类研究 [J]. 浙江大学学报（工学版），2017，51（1）：113-123.

族蝴蝶纹图案进行了元数据描述与构建。[①] 又如乌云在分析新疆民族服饰图案基元形式与内涵的基础上，利用元数据对新疆民族服饰进行了数字化，为使用"文化计算"概念深入挖掘图案文化内涵与规律提供了思路。[②]

（二）形成设计概念

在文创产品中呈现"文化性"的方式是应用文化符号，由于符号与意象可相互表达，[③] 故文化符号的选用也可使用用户感知研究的方法。文创产品是普通产品设计方法研究的重要对象，文创产品设计中的用户感性意象研究与普通产品设计方法研究相互交织，难以剥离。总体而言，文创产品与普通产品的用户感性意象研究大致相同，不同之处在于前者的感性意象除包括用户对产品造型意象的感知外，还包括用户对文化意象的感知，其核心仍然是"用户研究"。

"用户研究"可追溯到唐纳德·诺曼于 1984 年在《设计心理学》提到的"心智模型"，然而，由于用户需求过于抽象，甚至连用户自己也无法清晰表达，故用户感性意象需借助工具来表征。"感性工学"是研究用户感性意象的重要理论，通过对用户感性认知进行量化处理，以数据来表征文化属性、造型参数与消费者偏好度之间的相关性，能辅助设计师科学、准确地找出关键的设计要素，以满足用户需求。[④] 在感性工学的基础上，研究者们发明了众多表征用户需求的方法，由于各个方法所适用的设计阶段不同且各有优劣势，故实践时会采用"各取所长、联合使用"的策略。

感性意象的挖掘流程大致可概括为感性意象收集、数据整理分类、意象词汇评价、目标意象确定等四个步骤，具体是：先通过头脑风暴、问卷法、访谈法等方法收集能表征用户心理的形容词对；再通过 KJ 法等数据整理法进行前期的整理与分类；接着则需使用语义差分法进行感性意象测量，通过使用李克特量表

① 赵海英，贾耕云，陈洪 . 面向文化计算的服饰图案元数据构建 [J]. 纺织科技进展，2016（2）：31–34.
② 乌云 . 新疆民族服饰图案基元的数字化构建与设计运用 [J]. 装饰，2017（2）：85–87.
③ 应艳，陈炬 . 天一阁之符号意象与文创产品设计研究 [J]. 包装工程，2018，39（6）：127–132.
④ 丁满，程语，黄晓光，等 . 感性工学设计方法研究现状与进展 [J]. 机械设计，2020，37（1）：121–127..

对典型用户的心理意象进行打分评价；最后确定能满足目标消费者需求的产品与文化意象要点。这种设计流程与方法有仿生设计等工业设计的影子，[①] 因为从广义看，文创产品设计一定程度上也可被视为对自然物一次"仿生"所形成的文化符号二次"仿生"再造的设计过程。在此过程中，所涉及的方法、模型和理论主要有以下几种。

1. 情境故事法

作为了解消费者需求的常用方法，情境故事法通过观察用户在每个场景下的行为变化，判断用户在当前场景下的行为目的，发现用户真实的文化消费需求。根据定义，情境故事法与叙事设计、[②] 移情设计[③] 等概念类似。不过，该方法有一定弊端，即设计师对产品形态、文化的主观"想象"可能与真实的用户需求不相符合，因此，需要借助客观的方法进行用户感性意象获取与表征。

2. 层次分析法

层次分析法是筛选感性意象重要度的常用方法，该方法适合梳理模糊不清的关系，通过定量分析厘清各关键要素的次序，得到相对清晰的要素方案。选择何种文化元素，传达何种文化寓意，又采用何种形态色彩等问题是横亘在文创产品设计师面前的难题，层次分析法为解决这类难题提供了理论指导。如许占民、李阳运用层次分析法，构建了花意文化产品设计因子提取模型，从形态、色彩、花语三方面提取设计因子，通过计算各因子的贡献率，得到了较完善的设计因子提取模型，辅助了文创产品设计。[④] 杨晓燕、刘帅、王伟伟从形态、色彩、纹样、寓意四方面提取了汉代四神兽的设计元素，通过采用层次分

---

① 罗仕鉴，边泽，张宇飞，等. 基于形态匹配的产品仿生设计融合 [J]. 计算机集成制造系统，2020，26（10）：2633–2641.

② 支锦亦，沈千惠，卜柳茹，等. 城市公共交通形象中地域文化的设计再现与感知体验 [J]. 包装工程，2019，40（24）：18–26.

③ Mattelmäki T, Vaajakallio K, Koskinen L. What happened to empathic design? [J]. Design Issues，2014，30（1）：67–77.

④ 许占民，李阳. 花意文化产品设计因子提取模型与应用研究 [J]. 图学学报，2017，38（1）：45–51.

析法对上述文化元素进行了选择，完成了文创产品设计。① 马丽霞、朱新红、杨洁明使用层次分析法对南疆旅游纪念品进行了价值评价，论述了不同类型的旅游纪念品的开发顺序。②

3. 因子分析法

因子分析法能有效规避用户调研中可能存在的指标合并情况，该方法主要用于分析潜在结构，着重解释两个要素之间的关系，最大程度地保证了用户需求评价指标体系的构建效果，确保了需求层次结构模型的准确性。贺雪梅、李颖颖、蒋颖等运用因子分析法，从色彩、线条、图案三方面提取唐代仕女造型因子。③ 卢维佳、何人可、肖狄虎先通过因子分析法来定义岳麓书院文化的评价因子，再结合问卷筛选出最具有地域特色的文化符号，最后成功挖掘出了岳麓书院文化中的形态、色彩、内涵因子。④ 祁飞鹤、肖狄虎、李辉等将因子分析法与其他定性定量研究方法相结合，构建了较为科学的湖湘文创产品设计评价体系。⑤

4. 聚类分析法

聚类分析法是按照一定规则将具有相似属性的样本进行归类的方法，能帮助研究者在多元化样本中筛选共性。⑥ 在文创产品设计中，这种方法常用于合并文化中的相似要素，通过化繁为简，以保留文化要素的典型特征。如陈满儒、王凤娟用问卷收集了用户对秦腔脸谱的色彩感知，借助聚类分析法精简了色彩语义评价形容词后，再利用语义差分法量化用户对色彩意象的评价，辅助

---

① 杨晓燕，刘帅，王伟伟. 地域文化图形扁平化风格的应用 [J]. 包装工程，2015，36（20）：26-29.

② 马丽霞，朱新红，杨洁明. 基于层次分析法的南疆旅游纪念品价值评价 [J]. 资源开发与市场，2014，30（5）：621-624.

③ 贺雪梅，李颖颖，蒋颖，等. 唐代仕女造型因子研究及设计应用 [J]. 包装工程，2016，37（12）：176-179.

④ 卢维佳，何人可，肖狄虎. 基于岳麓书院文化的创意产品设计 [J]. 包装工程，2015，36（24）：105-109，114.

⑤ 祁飞鹤，肖狄虎，李辉，等. 基于情境系统的湖湘文创产品设计评价研究 [J]. 包装工程，2018，39（6）：119-126.

⑥ 罗仕鉴，潘云鹤. 产品设计中的感性意象理论、技术与应用研究进展 [J]. 机械工程学报，2007（3）：8-13.

了文创产品设计。①

型谱分析是基于图论的聚类分析法，它可用于研究某一特定文化的发展轨迹，如将某类器物照片按照历史先后顺序排列，就能从中找到器物的历史演进过程。如韩荣、李文璨使用型谱分析法构建了元代陶瓷高足杯的形制图谱，探讨了高足杯形制发展的历程，推断了设计因素与时空因素的可能关系。②詹秦川、王宁鑫、李子阳等利用型谱分析法分别提取了立春节气和茶具的特征线条，并生成了立春节气和茶具的形态曲线图谱，使用形状文法设计了具有立春节气特色的茶具文创产品。③

5. KANO 模型

正如前文所述，文创产品上的用户感知包含对产品造型意象、文化意象等多方面的感知，加上文创设计往往涉及多种文化元素的应用，因此，明确各元素在用户满意度中的作用至关重要，KANO 模型恰好能帮助文创设计师进行影响用户满意度的要素分析，通过确定一元品质、必要品质、无差异品质，实现对文创产品设计决策的指导。如陈俊智、沈致轩利用 KANO 模型对消费者传统文化创新设计偏好进行了分析，得出"趣味性是一元品质，个性化是必要品质，文化性是无差异品质"的结论，有效地指导了文化公仔的设计实践。④王伟伟、刘允之、杨晓燕等使用 KANO 模型来测量用户对文创产品具备或不具备某项功能时的反应，通过测试来确定文创产品各项功能属性的权重，以便在文创产品设计中分配功能属性。⑤如在孔子问答镜案例中，该团队明确了铜镜文化各特

① 陈满儒，王凤娟.秦腔脸谱色彩意向分析[J].包装工程，2017，38（14）：69–75.

② 韩荣，李文璨.分型图谱量化法与元代陶瓷类高足杯形制研究[J].装饰，2014（9）：74–76.

③ 詹秦川，王宁鑫，李子阳，等.基于立春节气的文创茶具设计与方法研究[J].包装工程，2019，40（8）：176–181.

④ 陈俊智，沈致轩.消费者对传统文化的创新设计偏好之研究——以文化公仔设计为例[J].艺术学报，2011（89）：127–150.

⑤ 王伟伟，刘允之，杨晓燕，等.用户行为与情境导向下的文创产品设计研究[J].包装工程，2019，40（24）：27–32.

征的权重，为男士腕表的设计提供了决策参考。①

6. QFD 法

QFD 法是通过构建"质量功能展开"模型来计算技术特征值的目标改进率，以实现将用户需求转换成产品设计规格的方法。② 该方法在文创产品设计中也多有应用，如张辅玲、管倖生使用 QFD 法对三峡清水蓝染文创产品的消费者意象进行了分析，获得了确切的用户需求，指导了文创产品设计实践。杨静也使用 QFD 法对陕西游客的需求进行了分析，并将需求转化为唐文化旅游纪念品的制造技术要求，形成了文创产品的设计思路。③

7. TRIZ 理论

TRIZ 理论是解决发明创造问题的有效工具，由于它不仅能定义问题，而且能提供解决问题的方法，因此，近年来常被应用于文创产品创新设计中。如孙东阳应用 TRIZ 矛盾矩阵为解决文创产品的同质化、品质低、功能性差、实用性不足、携带不便等产业实际问题提供了思路。④ 周莉莉在文创产品设计中使用 TRIZ 39×39 矛盾冲突矩阵时，发现使用该矩阵进行检索过于复杂与低效，围绕文创产品设计特征进行了简化改进。⑤ 杨静用 TRIZ 理论研究了西安旅游市场的需求，并用通用工程参数描述了布艺纪念品设计中的矛盾冲突问题，并进行解决。⑥

8. 其他理论方法

除上述方法外，文献中还有多种其他方法，以其中四种为例：（1）数量化原理，如赵得成、沙颖运用数量化 I 类原理提取了马家窑彩陶文化符号，完成

① 王伟伟，王艺茹，胡宇坤，等.孔子问答镜的文化特征提取与设计应用研究 [J]. 包装工程，2016，37（14）：126–130.
② 王娟丽，熊伟.基于 QFD 的产品创新设计方案评价模型研究 [J]. 科技管理研究，2014，34（10）：53–57.
③ 杨静.基于 QFD 与 TRIZ 的陕西唐文化旅游纪念品创新设计 [J]. 包装工程，2017，38（14）：203–207.
④ 孙东阳.TRIZ 理论在旅游纪念品设计中的应用 [J]. 包装工程，2017，38（12）：248–252.
⑤ 周莉莉.TRIZ 理论在旅游纪念品设计中的优化应用研究 [J]. 工业设计，2016（7）：98–99.
⑥ 杨静.基于 QFD 与 TRIZ 的陕西唐文化旅游纪念品创新设计 [J]. 包装工程，2017，38（14）：203–207.

了茶具设计。^①（2）正交试验法，即多元方差分析，如苏建宁、任芳冉、师容等运用此法调研了用户偏好得出了龟形蛇纹寿文化快客杯的设计重点。^②（3）有限元理论，如苏晨、孙小童、周福莹等利用该理论对藏文化进行了逆向分析，筛选出了有效的设计元素，在伞具设计中进行了深层次运用。^③（4）粗糙集理论，如杨柳在利用该理论来分析模糊且不确定的用户需求的基础上，结合安徽博物馆的文创产品构建了设计决策体系。^④

（三）展开文创产品设计

文创产品设计是构建感性意象到造型特征映射关系的过程，^⑤也是将用户需求转化为文创产品设计方案的过程。文创产品的设计过程主要包括先利用产品语义学理论对文化要素进行转译，再借助形式生成方法实现产品造型、表面纹饰的设计，最后根据需要对意象与造型融合进行优化调整。

1. 文化转译维度

将潜在的文化元素与造型意象应用到产品形态上需要借助产品符号语义学理论。朱上上、罗仕鉴从语构、语义、语境、语用四个维度提出的"基于设计符号学的文物元素再造理论"^⑥是目前较完善的文化转译方法论体系。本书将以此为框架，整理相关方法。

（1）语构维度。语构维度包括文化元素在文创产品上的构成形式、文化元素与功能要素的组合方式等。语构是文化转译的基础工作，文化元素应用前的预处理对文创产品设计而言至关重要，构成法则是实现元素预处理的重要方

---

① 赵得成，沙颖. 古器物的地域意象提取与产品地域性创新设计研究 [J]. 包装工程，2017，38（2）：131-135.

② 苏建宁，任芳冉，师容，等. 基于用户偏好评价的龟形蛇纹寿文化产品设计研究 [J]. 包装工程，2019，40（24）：33-38，64.

③ 苏晨，孙小童，周福莹，等. 基于有限元理论逆向分析区域文化产品设计 [J]. 包装工程，2019，40（12）：189-194.

④ 杨柳. 基于粗糙集理论的博物院文创产品开发导向研究 [J]. 包装工程，2020，41（20）：8-13.

⑤ Lin R T. Transforming Taiwan aboriginal cultural features into modern product design: A case study of a cross-cultural product design model [J]. International Journal of Design，2007，1（2）：45-53.

⑥ 朱上上，罗仕鉴. 产品设计中基于设计符号学的文物元素再造 [J]. 浙江大学学报（工学版），2013，47（11）：2065-2072.

法。设计师在遵循变化与统一、对称与平衡、比例与尺度、对比与协调、节奏与韵律等形式美法则[①]基础上，综合运用旋转、重复、对称、渐变、发散、缩放、特异、聚散、对比、近似、动感、韵律、组合、变异等平面构成规则产出变化多端的图案创意。文化元素预处理的相关方法包含偏感性的东方"图案学"与西方构成理论、偏理性的形状文法等。

第一，感性的语构方法。黄光辉、孙瑱、高秦艳使用平面构成规则进行了澳门大三巴牌坊的图案设计，形成了旅游文创产品。[②]赵浩、高菊兰使用了重组法将提炼出来的素材进行重新布局与构造，形成新的彝族图案。[③]周勇、张玉萍运用了元素分解法将青铜器原型打散，提炼了青铜器上纹饰、造型、色彩等平面元素。[④]何灿群、李娇、唐晓敏等人对无锡特征文化元素进行了简化，设计了具有无锡地域特色的个性化回形针。[⑤]彭凌燕基于"图案学"，提出了以系列化的单独纹样、适合纹样、二方连续等传统图案设计与现代构成设计相结合的方法，对馆藏文物的外观造型、图形元素进行了再造。[⑥]韩冬楠、边坤、韦贝贝用"图案学"对蒙古族典型图案进行了分析，以动物形象为骨架，对蒙古族图案进行了重构，完成了独具蒙古族特色的图案设计。[⑦]

第二，理性的语构方法。近年来，在文创产品设计中使用较多的形状文法，是基于计算推理生成造型的方法，其基本规则与前述规则类似，有增删、缩放、复制、置换、旋转、镜像、位移、错切等。[⑧]形状文法的优势是图案生

① 伍琴，吕健，潘伟杰，等.基于案例的文化创意产品设计方法研究 [J].工程设计学报，2017，24（2）：121-133.

② 黄光辉，孙瑱，高秦艳."澳门元素"在旅游纪念品设计中的应用研究 [J].装饰，2011（10）：76-77.

③ 赵浩，高菊兰.不弃本质：彝族图案创新与传承方法研究 [J].装饰，2018（9）：130-131.

④ 周勇，张玉萍.青铜器具的文化语义与再生设计研究 [J].包装工程，2009，30（1）：147-150，157.

⑤ 何灿群，李娇，唐晓敏，等.基于文化特征的无锡个性化旅游产品设计研究 [J].包装工程，2016，37（10）：118-121.

⑥ 彭凌燕.地方高校设计教学与博物馆项目合作的新路径——以酉阳县博物馆创意产品设计为例 [J].装饰，2019（5）：126-127.

⑦ 韩冬楠，边坤，韦贝贝.蒙古族图案元素提取与重构 [J].包装工程，2019，40（6）：1-7.

⑧ 王伟伟，杨延璞，杨晓燕，等.基于形状文法的产品形态创新设计研究与实践 [J].图学学报，2014，35（1）：68-73.

成，如王伟伟、彭晓红、杨晓燕以所提取的新疆四瓣花为基础图形，利用形状文法完成了新疆特色浓郁的地毯纹样设计。[1] 詹秦川、朱亚楠将陕西社火脸谱与剪纸融合，采用形状文法生成了十二生肖衍生图案的茶饮包装设计。[2] 赵敏婷、王宁利用形状文法的位移规则重新创造了秦绣石榴纹样。[3] 杨晓燕、刘肖通过使用形状文法将所提炼的春节文化主题的图形元素进行了变形演化形成纹样，应用到春节主题海报的设计中。[4] 同时，该团队还借助形状文法进行了《诗经》文创产品设计。[5]

传统"图案学"、西方构成理论、形状文法在形式生成上各具优劣势，偏理性的方法所生成的形式可能给人过于呆板的印象，但不妨碍其发挥机器智能的优势；设计师使用偏感性的方法可能会面临灵感枯竭的问题，但却能体现人类智慧。因此，根据情况综合使用工具非常有必要。

（2）语义维度。语义维度包含显性语义与隐性语义两类，显性语义关注文化元素在产品造型、色彩、材质、纹饰、功能等方面的映射方式；隐性语义指寓意，即通过隐喻与象征等手段来传达神话传说、宗教信仰、历史风俗、地域特征、艺术审美等抽象内容。总之，构建文化符号与产品语义的映射关系需要借助设计的修辞手法，[6] 其中常用的是比喻、象征。

第一，比喻。基于相似性或联想，在产品要素与文化要素之间寻找映射关系，[7] 具体分为：隐喻、直喻、转喻、类推、讽喻等手法。然而，它们之间的区别没有文学修辞那么明显，为避免复杂化，有学者认为使用隐喻即能达到传达目的。[8]

---

[1] 王伟伟，彭晓红，杨晓燕.形状文法在传统纹样演化设计中的应用研究 [J].包装工程，2017，38（6）：57-61.

[2] 詹秦川，朱亚楠.陕西社火脸谱传统造型因子提取与设计应用 [J].包装工程，2018，39（20）：1-7.

[3] 赵敏婷，王宁.秦绣石榴纹样视觉元素提取与设计再生 [J].包装工程，2018，39（20）：8-14.

[4] 杨晓燕，刘肖.春节文化主题元素提取与衍生设计 [J].包装工程，2019，40（4）：93-98.

[5] 杨晓燕，李雪芹，彭晓红.诗经文化元素视觉化提取与衍生设计 [J].包装工程，2018，39（4）：76-81.

[6] 朱永明.视觉传达设计中的图形、符号与语言 [J].南京艺术学院学报（美术与设计版），2004（1）：58-62.

[7] 王鸿祥，洪瑞璘.文创商品的隐喻设计模式 [J].设计学报，2011，16（4）：35-55.

[8] 林铭煌，黄庆贤.比喻式设计的逻辑与产品功能认知之关联 [J].设计学报，2002，7（2）：1-15.

第二，象征。与比喻不同，由于映射物与指涉物之间没有相似性，映射的符号形式与意义之间也无联系，所以需要通过规定或者"约定俗成"来完成映射，即需要通过后天学习才能理解梳子象征着"恋爱"。对设计修辞的综合应用产生了情趣化设计，与体验设计也密切相关。[1] 其中一类可称为"幽默设计"或"趣味设计"；另一类则是"仿生设计"，如林汉裕、林荣泰、薛惠月基于"汉字是仿生设计"的事实，将汉字的显性外观、隐性寓意转换成了文创产品。

（3）语境维度。语境维度探讨文创产品与环境的关系，包括文物曾经的使用环境、产品现代的使用环境及交互情境。叙事设计是产品语境研究的重点，通过营造使用语境来创造特殊的使用体验，是符号学理论与叙事学理论的结合体，[2] 被称为"讲故事的设计"。叙事设计有两种模式：一是围绕文物故事、文化寓意讲述"诞生故事"；二是让消费者通过角色扮演体验过去的生活方式，讲述"体验故事"，即"体验设计"[3]。

（4）语用维度。语用维度包含对使用者文化背景、思维模式，产品的使用方式等方面的研究，这是设计文创产品不可或缺的文化基础，然而在实践中常被忽略，[4] 造成文创产品设计"文化性"多流于表面。由于该内容在第一步"撷取文化风格特色"中已重点讨论，故不再赘述。

语构、语义、语境、语用四个维度是文创产品设计的四个方向，虽然要求设计师在单件设计中做到面面俱到是不现实的，但仍然建议设计师围绕上述四个维度探索设计的可能性，通过在文创产品中叠加"差异性"来缓解产品"同质化"的倾向。[5]

---

① 向帆，谭亮.情感热潮下的冷思考：《情感化设计》评述 [J]. 装饰，2019（4）：78–80.

② 林勤敏.日月潭邵族文化商品创意设计研究——以猫头鹰传说故事为例 [J]. 建国科大社会人文期刊，2011，30（2）：67–86.

③ 屠曙光.设计的叙事——论后现代设计中的非物质设计 [J]. 新美术，2008（5）：98–101.

④ 程辉.商业授权下的博物馆文创设计竞赛赛制优化研究 [J]. 中国博物馆，2020（1）：19–23.

⑤ 程辉.文创产品避免"同质化"现象的方法——以海宁为例 [J]. 设计，2018（19）：96–99.

2. 意象造型融合

在一定程度上，文创产品的设计是处理文化元素与现代工业产品关系的过程。市面上不少文创产品给人"生硬"的感性意象，这或许是因为文化元素只是简单地与产品发生"物理反应"而非"化学反应"。

（1）形态矩阵法。又称"强制联想法"，它是先把需要解决的问题分解为若干个基本要素，再分别列出实现各个要素的所有可能手段，然后用矩阵进行排列组合，最终产生解决方案的方法。形态矩阵法通过对文化元素与实物载体的系统梳理，能精准发现文创产品开发潜在的可能性。如陈亮、唐珊将徐州汉文化旅游文创产品创新分成了汉画像石题材、实物载体、设计手法三个维度，通过使用形态矩阵法将各要素的选项进行排列与组合，形成了大量的备选方案，系统展示了汉文化元素与实物载体匹配的可能性。[①] 葛露从文化元素与产品载体两个维度构建形态创新矩阵，发现了蒙古族民俗文创产品设计的希望点。[②] 邓丽、陈波、张旭伟等分别从形态、色彩、纹样、语义四个维度选择合适的凉山彝族服饰要素进行组合，形成了多种文创产品设计方案。[③] 虽然这种强制联想为文创产品开发创造了多种可能，但在解决文化元素与产品契合度问题上还存在不足，需进一步借助原型理论进行修正。

（2）原型理论。在文创产品设计中，原型理论研究主要分为被模仿的事物原型（如文物原型）、用户心目中的感性意象两个方向。

第一，被模仿的事物原型指文物在形式、色彩、纹饰等方面所呈现的典型性，[④] 在文创产品中起到指向文物原型、启发用户的作用。因此，该理论希望通过对藏品外形特征的分析，筛选出文物典型特征，进而指导设计师有效构建文

---

①　陈亮，唐珊．基于徐州汉文化元素的旅游纪念品创新设计 [J]．包装工程，2016，37（10）：122–125.

②　葛露．北方蒙古族民俗文化产品创新设计研究 [J]．包装工程，2019，40（6）：46–50.

③　邓丽，陈波，张旭伟，等．凉山彝族服饰文化基因提取及应用 [J]．包装工程，2018，39（2）：270–275.

④　易军，汪默，肖狄虎．地域文化事物原型的设计解析 [J]．包装工程，2016，37（22）：119–123.

物原型与产品载体之间的匹配关系，[①] 以达到文化传播、完成博物馆教育等目的。

第二，原型理论认为用户感性意象的形成基础是人们对熟悉事物的识别能力，这是建立于过往经验的"无意识行为"[②]，亦即"家族相似性"[③]。因此，文创产品创新设计的"幅度"不宜过大，不能脱离文物"家族"，否则有可能无法被用户理解。

由上文可见，文创产品设计方法研究硕果累累，如偏向主观的情境故事法、叙事设计、移情设计、语义修辞法、图案学理论，偏向客观的层次分析法、因子分析法、聚类分析法、KANO 模型、QFD 法、TRIZ 理论、数量化原理、正交试验法、有限元理论、粗糙集、形状文法、形状矩阵法、原型理论等。从文献看，在形成设计概念阶段，尤其是获取用户感知信息进行产品定位时，偏客观的感性工学是最主要的理论方法，而在后续的展开文创产品设计阶段，则多数会选择偏主观的设计方法，这能使文创产品更具有感性之美，避免技术手段造成的"机械化审美"。

迄今为止，多数研究还停留在理论或实验阶段，真正能影响产业界、能转化为生产力的设计方法仍十分有限。值得注意的是，每种文创产品的设计方法都有自身的优劣势，但如何扬长避短成了横亘在文创设计师面前的难题，同时，方法过多也造成了"选择困难"，这亟待文创产品设计方法研究者进行指导；另外，有些偏工科的设计方法并未共享可直接使用的算法软件，步骤介绍又语焉不详，这进一步加大了设计师使用该方法的难度，需要研究者进一步探索降低方法使用门槛的途径，如提供相应的算法软件等。就文献所呈现的客观不足而言，当前博物馆文创产品设计研究还缺乏与博物馆学科的协同，在设计上存在博物馆与文创产品"两张皮"的问题，即设计学科过多关注产品设计，

---

① 张力丽，赵淑华.基于原型理论的博物馆文创产品设计研究 [J]. 四川戏剧，2017（7）：173–176.

② 谷利敏，王时英."无意识设计"理念在产品设计中的应用 [J]. 包装工程，2018，39（10）：162–166.

③ 刘慧薇，朱娜.家族相似性的原型理论在产品设计中的应用 [J]. 机械设计，2013，30（5）：127–128.

缺乏对国内外博物馆发展趋势的了解，缺乏与博物馆学科的研究共振。比如设计学科对博物馆文创产品的认知还局限于文创产品设计本身，殊不知新博物馆学的发展已使博物馆文创成为囊括教育活动、原创展览、文创产品等在内的"大文创"概念。[①]其中，文创产品包含有形产品与游戏、APP等无形产品。除继续加强对有形、无形文创产品的研究外，设计学科需应用服务设计理论对原创展览、教育活动等对象进行系统设计，同时，还应围绕博物馆的社会功能，尤其以发挥博物馆文创的社会治理作用为立足点，重构现有的博物馆文创产品服务设计系统。

此外，前文提到的博物馆文创产业问题，不能采用"头痛医头式"的方式来解决，而是应采用中医倡导的"整体观念与辨证论治"的方式进行。盲目通过引进西方理论经验来构建符合我国文化建设需求的博物馆文创开发设计方法论体系是不可行的，因为这不符合我国的政治制度与社会环境。博物馆文创产品设计方法论体系的构建不需要改良运动，而是需要釜底抽薪式的革命运动，即围绕国家文化治理的实际需要来设定博物馆文创产业发展的主基调，针对我国的实际情况来优化政策供给与资源配置，在此基础上再吸收中西设计理论精华，才有可能为博物馆文创产品设计找到"治本"的方法论。

三、商业授权制度的专项调研

国内最早建立完善的商业授权制度的博物馆是台北故宫博物院，该馆将商业授权分为以下四种类型：（1）委托产制。博物馆自己开发产品并自主运营，只将生产环节委托给专业的生产商。（2）图像授权。将藏品高清照片授权给第三方开发文创产品，现已免费开放。（3）品牌授权。将博物馆的商标授权给其他品牌商进行联名产品开发。（4）出版授权。博物馆提供藏品高清照片给第三方用于出版。

---

① 程辉.博物馆文化创意的边界与"文创思维"[N].中国文物报，2020-04-14（5）.

近年来，随着对数字文创产业的探索，杭州凭借着"电子商务之都"的优势在商业授权的数字化探索与实践领域占据了领先地位。在一定程度上，杭州博物馆文创的商业授权能折射出全国博物馆文创在此方面的问题。因此，笔者从杭州市 70 余家各级博物馆中选择参观者较多的 16 家博物馆①进行了商业授权专项调研。调研发现，作为浙江省内博物馆领导者的浙江省博物馆，在文创产品开发上，与长三角地区同级博物馆（南京博物院、上海博物馆、安徽博物院）等相比，还有一定的提升空间；其主导的"浙江省文澜阁博物馆商店联盟"所取得的成绩还不够亮眼，局限在商品代销的层次；该馆所开发的文创产品大多数较为古朴，稍显"严肃"的图书占据了不少橱窗空间，成了该馆重要的产品类别，这在一定程度上偏离了博物馆文创产品主要消费群体所喜欢的有趣、新奇、非正式的产品风格定位。此外，该馆在文创商店位置布局与产品的主题式展陈上，还需继续优化：孤山馆虽位于西湖风景区，外地游客较多，但因商店位置较偏，人流量不足；武林馆虽位于出口处，但偏离风景区，参观者以本地居民为主，造成展厅内人流也不多。

南宋官窑博物馆文创商店的位置也不醒目，商店位于临展厅内部，所售文创产品缺乏多样性，清一色为陶瓷工艺品，价格较高，购买者稀少。杭州工艺美术博物馆（见图 3-12）由博市集负责，其文创产品较为亮眼，在产品风格上也符合年轻消费群体的喜好，不过所售文创产品仅有部分是基于该馆特色藏品开发的。由于其是"浙江省文澜阁博物馆商店联盟"成员，故不少产品来自省内其他博物馆，这些产品均与该博物馆关系不大。良渚博物院（见图 3-13）、中国丝绸博物馆（见图 3-14）、浙江美术馆（见图 3-15）等三家博物馆的文创商店都由晓风书屋运营，由于晓风书屋是一家书店，所以店内大部分商品为

---

① 这 16 家博物馆分别是：浙江省博物馆、杭州博物馆、杭州工艺美术博物馆、中国丝绸博物馆、中国国际设计博物馆、中国美术学院民艺博物馆、中国美术学院美术馆、浙江美术馆、杭州京杭大运河博物馆、良渚博物院、中国江南水乡文化博物馆、杭州西湖博物馆、中国杭帮菜博物馆、南宋官窑博物馆、中国湿地博物馆、浙江自然博物院。

图书，虽然也有设计类商品，但基于藏品开发的文创产品的比例整体较低，其中，只有良渚博物院特色文创产品相对丰富。杭州京杭大运河博物馆（见图3-16）、中国江南水乡文化博物馆、西湖博物馆、中国湿地博物馆、浙江自然博物院等的文创商店依循传统的旅游纪念品商店模式，所售产品主要为小商品。中国杭帮菜博物馆未开设文创商店，虽利用自身优势开设了主打杭帮菜的餐馆，但菜品未能体现出"宋韵"特色，故还不能称之为"文创餐厅"。

图 3-12　杭州工艺美术博物馆①

图 3-13　良渚博物院

---

① 在湖滨银泰 in77 的柜台，目前已撤柜。

图 3-14　中国丝绸博物馆

图 3-15　浙江美术馆

图 3-16　杭州京杭大运河博物馆

　　对调研成果进行分析后发现，杭州各博物馆所采用的授权模式与台北故宫博物院模式虽非完全相同，但基本相似。

　　（1）委托产制模式。中国国际设计博物馆、中国美术学院美术馆在此模式上较典型。由于它们拥有中国美术学院的人才优势，除生产外，策划、设计、营销等环节均由自有品牌"敦品"负责，其产品定位合理，面向年轻消费群体，设计先锋特征明显，但"敦品"定位为中国美术学院师生作品销售平台，并非博物馆商店，故基于博物馆藏品而开发的文创产品较少，产品价格也较高。（2）图像授权模式。杭州市使用此模式开发文创产品的博物馆较少，只零星在博物馆产品设计大赛中使用过，如浙江省博物馆的"文澜阁杯"文创设计大赛，杭州博物馆、杭州市工艺美术博物馆、南宋官窑博物馆等三家参加的浙江省文化文物文创产品设计大赛。（3）品牌授权模式。杭州的品牌授权并没有发展出与台北故宫博物院相似的"联名开发"模式，而是将文创产品的策划、设计、生产、营销全权委托给第三方公司，在缺乏博物馆方的监管之下，第三方公司纯商业化运营对博物馆文创产业发展而言，可能不利。杭州市博物馆文创产品主要由市集、晓风书屋两家公司负责运营。由于运营方是贸易公司，故设计、研发能力不足，产品开发也是委托外部公司完成，品牌联名开发能力有限。（4）出版授权模式。该模式较为传统，在国内使用比较广泛，由于它属于出版物层面，与产品设计视角下的产品有差异，故不在本书中做详细研究。

作为商业授权制度的另一种常见手段，文创产品设计竞赛在博物馆文创产业发展上发挥了重要的作用，对该模式的调研分析对文博文创生态系统的可持续运作具有重要意义。国内博物馆文创大赛赛期一般为3—6个月，博物馆或文物局等官方机构通过将藏品资料授权给承办单位（多为商业设计机构）的方式来指导大赛的开展。大部分比赛都会要求参赛者根据提供的文物简介、照片来开展方案设计；在比赛阶段，也很少再额外组织设计工作坊、文物讲座等活动来提升参赛作品质量；大多数文创大赛，对参赛人员类别不做细分，学生设计师、在职设计师往往同台竞技；参赛细则对产品类型、制造成本等也都没有提出明确要求，允许设计师自主确定；在评委方面，多数只邀请单类别的专家参与评审，少数大赛邀请的专家也有较大"水分"，不能保证其专业性；有些主办方默许承办方、赞助商参赛，使大赛变成自家产品的"加冕仪式"，即使再平淡的商品也会摇身一变成为金奖作品；大部分文创大赛对设计的评价标准均不明确，有的只注重文化性，却忽略了文创产品的商业性与创意性，这不仅强化了评委主观臆断对比赛结果的不良影响，也造成优秀的获奖作品无法实现生产、产品的同质化；大多数比赛不重视成果转化，若要进行成果转化，也只从获奖方案中挑选，最终真正能落地生产的获奖作品更是少之又少，在投入与产出上不成比例。

藏品遴选、合作商征集、设计师征集是博物馆文创产品设计竞赛必不可少的准备工作。但目前，大多数文创大赛在完成藏品遴选后就开始进入高校办大赛宣讲会，希望借此号召更多的学生参与。这种方式存在以下问题：首先，高校学生对文化的理解普遍比较肤浅，在缺乏专业文物知识的前提下，设计出的产品往往缺乏文化性，纹样也可能会沦为装饰。其次，在没有合作商的情况下，博物馆无法获得准确的市场需求，若贸然征集设计师，所征集到的方案可能也并非市场迫切所需。最后，在没有与生产商对接的情况下，设计方案只能当成作品来欣赏，无法批量生产投入市场。这样办大赛既无法满足消费者的需求，也无法真正达到"让文物活起来"的目的。

在我国，每场文创大赛几乎都汇集了大量设计专业的大学生，①但以吸引设计师生参与文创大赛的方式也存在一定弊端。虽然由大学生来进行文创设计具有以下优势：其一，大学生群体与目前文创产品的消费者群体的年龄相仿，能较清晰地洞察消费者群体的需要，较易实现文创设计中的"情境故事法"所倡导的场景还原；其二，学生并未接受商业设计的"磨砺"，在设计想法上更随性，因此更能产生好的创意。但是，也正是由于大学生缺乏商业设计经验，造成他们对文创市场缺乏必要的了解，对产品制造成本存在误判，容易出现效果图"华丽"，但无法生产的情况。

综上可见，博物馆文创大赛面临赛制改进的迫切需要。虽然赛制的调整优化见仁见智，但博物馆的社会教育使命是博物馆界改进赛制的重要指导方针。文创产品是博物馆完成社会教育任务的"教具"，也是推广博物馆文化的重要手段，换言之，举办博物馆文创大赛的目的不仅是收集设计方案、举办展览，也要承担起对社会大众进行教育的责任，实现促进产品商业化的目的。博物馆的

①　程辉.商业授权下的博物馆文创设计竞赛赛制优化研究 [J]. 中国博物馆，2020（1）：19-23.

社会教育按其受众分类，可大致分为面向普通大众、面向设计师两个维度。其中，面向普通大众的社会教育主要指对大众进行传统文化熏陶与文化创新力培养。对博物馆而言，前项工作是较为熟悉的传统社会教育内容，但后项则是对博物馆的新要求，是博物馆界目前还未关注到的。当下"自产自购""个性化定制"逐渐成为博物馆文创产品开发的新趋势，随着设计技术的进一步发展，越来越多的普通大众将会成为文创产品的"设计师"与"共创者"。因此，博物馆有必要基于自身的文物文化研究优势，向社会大众普及文物中的文化创新方式；同时，借助文创大赛这一创新力培养与引导方式，进一步扩大博物馆的社会教育内容与影响力。此外，面向设计师的社会教育主要是对文创大赛的参与者进行文物知识、文化内涵等方面的教育。此方面在博物馆界已有开展，但效果不甚理想，主要还是在模式与做法上存在不足。在教育模式的选择上，由于业界已公认文字简介并不能产生积极的教育作用，因此，文物简介对设计师理解藏品内涵、价值、过去的使用方式也发挥不了太大作用，可见，对设计师进行社会教育的模式也面临着转型与调整。

第三节　文创产业典型问题归纳

2013 年，笔者对旅游纪念品市场进行了调研，发现旅游纪念品市场面临以下几方面问题：对旅游纪念品的认识错误、竞赛对旅游纪念品的误导、企业对创意设计缺乏投入、设计机构对旅游纪念品不重视、旅游纪念品销售场合不正确、旅游景点对旅游纪念品不重视、商店对旅游纪念品销售存在错误心理等。

在 2015 年的调研报告中，笔者发现旅游文创存在产品创意不足、产品缺乏系列化、地域特征不明显、功能元素强制拼凑、竞赛获奖作品无法商业化、三维类产品偏少、产品价格偏高、产品同质化严重、服务态度差、购物环境不佳等问题。其中，对于三维类产品偏少的问题，博物馆在选择开发品类时，不得不因为造价原因退而求其次选择二维类产品。所谓的二维类产品是指在已有的产品表面采用纹样印制的方式而开发的产品，这类产品的生产工艺较为成熟，市面上也有较多的供应商，虽然产品品类不少，但与普通日用品品类相比，仍然不多。这类产品不涉及昂贵的开模费用，其造价比需要额外开模的三维类产品在成本上更具优势；同时，也具有生产迅速的优点，对想快速扩展文创品类的博物馆而言，是理想的产品开发方式。但也正是由于上述优点，这类产品的开发模式被多数文创开发机构采用，在无形中加剧了"同质化"问题，让消费者一提到博物馆文创产品，想到的就是杯子、鼠标垫、帆布包等。对于产品价格偏高问题，对外地游客而言，"到此一游"的纪念意义才是他们参观博物馆后购买文创产品的初衷；对本地游客而言，由于缺乏纪念需求，所以博物馆文创产品很少能成为他们购买的对象，除非这些产品稀缺、创意独特，或被其他事件赋予了特殊意义。可见，纪念性是游客购买的主要原因之一。虽然纪念性等意义属性为文创产品创造了较大的溢价空间，但是这种意义取决于消费者的理解，也是被消费者所赋予的。因此，定价时有必要清楚了解博物馆文创产品消费者的消费心理。消费者心理学证实：在参观或旅游场景中，消费者普遍对价格因素不敏感，在购买时往往根据商品的外观、包装等因素冲动消费，但是这并不意味着消费者对价格完全没有敏感度。根据旅游纪念品消费研究中的一项抽样调查发现，旅游纪念品购买者年龄在19—39岁的占78.01%，月收入5000元以下的消费者是主要群体，且购买意愿明显受收入影响；另一项类似研究则明确了游客购买旅游纪念品的心理价格，即100元以下的产品被72.08%的游客青睐，超过300元则基本上不被游客接受。因此，过高的溢价挑战了消费者的心理价位，让商品难逃滞销厄运。此外，购买渠道的差异也会影响消费者的心理价位。有学者研究了文创产品的消费目的，他们认为线上购买博物馆文创产品主要是自己使用，故能接受高价产品；而线下购买博物馆文创产品则是将其作为"旅游纪念品"用于馈赠，故要求其价格合理，消费者心理价位也普遍偏低。

2018 年，笔者以"文博文创商业授权"为主题进行了调研，发现存在博物馆放弃开发主导权、产品开发缺乏科学流程、文创品牌标识使用随意、缺乏产品类别多样性、文物与功能逻辑混乱、文物素材遴选标准有误、设计竞赛评审有失公允等问题。[①]

第一，博物馆放弃开发主导权。实地调研发现，目前大多数博物馆对发展文创产业采取"粗放型"的管理方式，如把文创产品开发授权给第三方企业后就不再关注具体产品的开发及销售情况，这样不闻不问、放弃主导权的管理方式，不仅加剧了产品"同质化"问题，也很难使博物馆发展出特色明显的文创品牌。如果博物馆没有尽到主导文创产业发展的管理职责，没有制定完善的产品设计评价标准、成熟的商品管控机制、规范的授权体系，及时引入了商业授权制度也无法调动合作方的积极性。目前，博物馆文创产业还处于投资期，无法产生高额的回报，文创企业多数是以"情怀"参与产业发展，若博物馆不主动创造新的渠道舒缓文创企业的压力、不当好特殊时期产业的帮助者的话，博物馆文创产业陷入发展停顿未尝不可能。

第二，产品开发缺乏科学流程。由于博物馆普遍缺乏策划、设计、营销等方面的专业知识，不少博物馆文创产品的开发都过于随意，如在未进行市场调研、需求分析的情况下就盲目启动项目，也常存在根据决策者自身喜好完成开发决策的现象，甚至还有博物馆方刚愎自用，无视专业人士建议的情况，以及盲目跟风模仿、照搬照抄他馆热销产品等现象，这种不科学的开发方式自然会造成仓库货物的积压。

第三，文创品牌标识使用随意。博物馆标志是博物馆文创品牌的象征，以精致的方式印制标志有助于强化消费者对博物馆文创产品质量的感知。在成熟的商品开发中，标志的大小、印制工艺、印制位置等都是需要精心考虑的。开发博物馆文创产品与开发赠品、奢侈品不同，后两者要么是为了形象宣传推广

---

① 程辉. "文化兴盛"目标下杭州文博文创产业培育路径研究 [J]. 创意城市学刊，2021（1）：50—61.

之用而免费发放的物品，要么是凸显消费者购买能力、身份地位的象征物，其标志大小自然需要强调与突出，但文创产品是用于销售的商品，需要向消费者呈现出精致、可靠的产品形象，因此不宜让博物馆标志喧宾夺主。

第四，缺乏产品类别多样性。当下，产品类型的多样性只是在一定程度上有所增强，但与日常生活用品相比，品类多样性仍有较大改善空间。在文创产业刚起步阶段，快速提升商品丰富度是首要任务，此时，"产品系列化"是正确之举，因为它能快速形成多主题多品类的产品矩阵；之后，则应考虑提升博物馆文创品牌的知名度，适度开发差异性明显的文创产品；接下来，才是开发能引起情感共鸣的"爆款"文创产品的时机，但这类产品的开发难度也相对较大。此处所言的多样性并不是仅指"产品系列化"中的多样性，而是建议博物馆与更多的日用品牌合作，扩宽博物馆文化元素在日用品各个品类中的覆盖面。

第五，文物与功能逻辑混乱。典型的"看图说话式"的产品设计方案就是此处所言的"文物与功能逻辑混乱"。出现这样的问题主要是因为设计师仅依据文物与目标产品在形式上的微弱相似性，就将文物与产品进行生搬硬套，而忽视了文物内在的感知语言，设计出不伦不类的文创产品。就产品设计方法而言，这类设计是对产品语义学的误用。

第六，文物素材遴选标准有误。消费者在购买博物馆文创产品时，往往会考虑产品是否具备好的寓意，带有不好寓意的产品，即使具有很强的文化性、更高的文物定级也很难被消费者接受。不少历史类博物馆在选择开发文物对象时，常常以文物等级的高低作为标准，而不管其原始功能，造成不少陪葬品被开发为博物馆文创产品，前几年令人啼笑皆非的"兵马俑主题酒店"就属此类。

2018年，博物馆文创产业盛会——第八届博博会开幕，笔者发现博物馆文创产业存在以下问题：产品同质化严重、产业发展不均衡、商品化程度不高等三方面。[①] 其中，博物馆文创产业发展的不均衡现象，与当地经济的发达程度、博

---

① 程辉.博物馆文创产业研究的现状、问题与方向[J].包装工程，2019，40（24）：65-71.

物馆等级、文物等级等因素关系并不大，如地处西部的甘肃省博物馆的文创事业发展得要比某些东部博物馆好；同时，某些等级较低的博物馆所具备的文创产品开发能力也远超高等级博物馆。

此后，笔者针对"文化兴盛"目标，再次总结博物馆文创产业的问题，将其归纳为：产品"叫好不叫座"现象突出、竞赛未发挥社会教育作用、文创培训力量薄弱等。[1] 虽然在媒体上经常能看到关于博物馆文创产品的宣传报道，部分设计也已赢得了不少喝彩，但客观而言，文博文创面临"叫好不叫座"的窘境，这已成为博物馆文创产业的"常态"。"叫好不叫座"是指博物馆文创产品在设计呈现上具有很好的视觉体验、较高的创新性，也获得了设计专家较高的评价，但在市场上却遭遇消费者的另眼相待与冷眼旁观，甚至出现产品无人问津的情况。文创产品普遍被"叫好"说明其颠覆了消费者对"文化礼品"的传统认知，这是产业向好发展的体现；而"不叫座"则说明文创产品还不符合消费者需求，说明产品的商品性存在严重不足。此外，文创产业强调用创意方式来诠释传统文化，使之能适应现代生活，可见创意是文创产业的重点。创意是创新的子集，一般是指在艺术、设计领域内出现创新点。由于博物馆文创产品开发的门槛较低，只要有电脑、有创意就能完成文创产品的设计，因此，博物馆文创产业内聚集着大量的年轻设计师。年轻设计师越多，富有创意的点子也就越多，从中挑选出高质量点子的概率也就越高，因此，博物馆文创产业所聚集的年轻设计师是产业"宝藏"，同时，他们的多元化实践为产业的多样性发展提供了可能，但也正是由于年轻，他们能否深植于产业并与之共同发展有很大的不确定性。博物馆文创产业对设计师也有很高要求，如对传统文化的了解要深入、对文创产品的设计方法要熟练、文创产业的认识要清晰、对文创产品的营销要精通等，这对大多数的年轻设计师而言是难以通过自学掌握的，因此，对文创人才的培养是必要的。

---

[1]　程辉. "文化兴盛"目标下杭州文博文创产业培育路径研究 [J]. 创意城市学刊, 2021（1）: 50–61.

在对文博文创设计竞赛的专项调研中，笔者认为存在开发意义不明确、设计成果难转化、弄虚作假时有发生、设计比赛流于形式等问题（见表3-1）。①以上六次调研的目的、范围、内容均有所不同：有以产业为目的的调研，也有以事业为导向的走访；有城市维度的调研，也有全国范围的考察，甚至还有若干次专题调研，这些调研从不同的视角对文博文创产业进行了较全面的立体式扫描。虽然，随着时间的推移，有部分问题逐渐消弭（表3-1中的第3、5、7、9、15、16条目），但仍有不少产业问题依然存在。

表3-1　历次博物馆文创产业调研及发现的问题

调研类目	序号	产业问题
2013 年旅游纪念品市场调研	1	对旅游纪念品的错误认识
	2	竞赛对旅游纪念品的误导
	3	企业对创意设计缺乏投入
	4	旅游纪念品销售场合不正确
	5	设计机构对旅游纪念品不重视
	6	旅游景点对旅游纪念品不重视
	7	店家对纪念品销售存在错误心理
2015 年旅游文创产品市场调研	8	产品创意不足
	9	产品缺乏系列化
	10	地域特征不明显
	11	功能元素强制拼凑
	12	竞赛获奖作品无法商业化
	13	三维类产品偏少
	14	产品价格偏高
	15	服务态度差
	16	购物环境不佳
	17	产品同质化严重
2018 年"文博文创商业授权"调研	18	博物馆放弃开发主导权
	19	产品开发缺乏科学流程
	20	文创品牌标识使用随意
	21	缺乏产品类别多样性
	22	文物与功能逻辑混乱
	23	文物素材遴选标准有误
	24	设计竞赛评审有失公允

① 程辉. 商业授权下的博物馆文创设计竞赛制优化研究 [J]. 中国博物馆, 2020（1）: 19-23.

调研类目	序号	产业问题
2018 年 第八届博博会调研	25	产品同质化严重
	26	产业发展不均衡
	27	商品化程度不高
2018 年 "文化兴盛"文博文创调研	28	产品"叫好不叫座"现象突出
	29	竞赛未发挥社会教育功能
	30	文创培训力量薄弱
2019 年 文博文创设计竞赛专题调研	31	开发意义不明确
	32	设计成果难转化
	33	弄虚作假时有发生
	34	设计比赛流于形式

表 3-1 以块状方式呈现了博物馆文创产业所面临的发展问题，但过于松散，不利于为治理工具的设计提供方向，因此，笔者剔除了表 3-1 中已逐渐消弭的产业问题、删除了重复项，调整了部分问题的文字表述方式，按照问题所涉及的范围、维度对产业典型问题进行了概括与定位，从价值认知、开发策略、设计竞赛、人才培养、产品销售、产品设计等角度形成了对博物馆文创产业典型问题的初步归纳（见表 3-2），这些典型问题是文博文创设计治理面临的现实挑战。后文将基于表 3-2，分类讨论相应的治理工具。

表 3-2　博物馆文创产业的典型问题归纳

原序号	归纳前		归纳后
	原表述	新表述	初步概括
17、25	产品同质化严重	产品同质化	整体现象
1	对旅游纪念品的错误认识	文创产品认知有误	价值认知
6	旅游景点对旅游纪念品不重视	文创开发缺乏统筹	
10	地域特征不明显	特色发展不明显	
18	博物馆放弃开发主导权	博物馆放弃主导权	
26	产业发展不均衡	产业发展不均衡	
31	开发意义不明确	开发意义不明确	
13	三维类产品偏少	开模定制类产品偏少	开发策略
14	产品价格偏高	产品性价比较低	
21	缺乏产品类别多样性	产品品类单调	
20	文创品牌标识使用随意	品牌标识使用随意	
28	产品"叫好不叫座"现象突出	产品"叫好不叫座"	
27	商品化程度不高	商品化程度不高	

续表

原序号	归纳前		归纳后
	原表述	新表述	初步概括
2	竞赛对旅游纪念品的误导	竞赛设计评价标准缺乏	设计竞赛
12、32	设计成果难转化	设计成果难转化	
24、33	设计竞赛评审有失公允	设计竞赛评审欠公正	
29、34	竞赛未发挥社会教育功能	设计竞赛价值未发挥	
30	文创培训力量薄弱	人才培训力度弱	人才培养
4	旅游纪念品销售场合不正确	销售渠道欠妥当	产品销售
8	产品创意不足	产品创意不足	产品设计
11、22	功能元素强制拼凑	功能元素强制拼凑	
19	产品开发缺乏科学流程	产品开发流程不科学	
23	文物素材遴选标准有误	文物素材遴选标准有误	

第四章 博物馆文创治理工具的设计与应用

第一节 治理工具初始化设置

根据马修·卡莫纳对"设计治理"工具包的解释，并结合前文对博物馆文创特征的分析，笔者对如何在博物馆文创场景中使用工具包进行了初步构想（见表4-1）。需要指出的是，表4-1中所列的使用场景示范可能存在武断、片面的情况，其目的是向读者解释工具的使用场景。得益于工具的开放性，在实际使用中，可以根据现实情况进行微调，甚至是再定义。

表4-1 博物馆文创设计治理工具初始化设置

工具名称			使用场景示范
正式工具	指引	设计标准	制定博物馆文创设计的国家标准，规定博物馆文创设计达标的最低要求
		设计准则	各地方主管部门依据当地实际情况，因地制宜制定博物馆文创设计准则
		设计政策	中央及地方政府就博物馆文创制定特殊的政策以鼓励博物馆文创产业发展
		设计框架	中央及地方政府对博物馆文创进行总体规划，明确其价值定位
	激励	补贴	补贴企业的博物馆文创产品设计开发、购买艺术授权的费用
		直接投资	官方直接投资博物馆文创的基础设施建设，如建设博物馆文创展售平台
		过程管理	政府对博物馆文创产业的发展进行绩效监管，以避免懒政出现
		奖励	博物馆对从事文创工作的馆员进行绩效考核，实施按劳分配
	控制	开发商贡献	对博物馆文创有贡献的企业将获得国家在文创开发上的政策支持
		采用	鼓励国企投资文创产业数字化平台建设，使之成为国家平台
		开发许可	博物馆内部配备专业的文创设计审查机构，以确保文创设计质量
		批准	制定完整的博物馆文创设计开发决策程序，实施批准后才能投产的制度

续表

工具名称			使用场景示范
非正式工具	证据	研究	鼓励科研院所对博物馆文创产业进行专业研究，为决策者提供建议
		审查	在项目开发中，适时进行评估，以控制项目结果质量，避免资源浪费
	知识	实践指南	就博物馆文创设计的细节等问题提供必要的实践指南
		案例研究	委托行业协会对成功的博物馆文创项目进行档案整理并进行经验总结
		教育与培训	实施专业教育、通识教育、继续教育，多方面携手共创产业生态
	促进	奖项	行业协会每年颁发奖项以表彰上一年度的优秀成果
		运动	制定博物馆文创的宣传计划，并有计划地开展活动
		倡议	巧妙结合博物馆新闻热点，发起文创公益性倡议
		伙伴关系	与旅游、非遗、设计、休闲、餐饮等相关产业联结以建立战略联盟
	评价	指标	制定博物馆文创发展评价的具体指标，以衡量产业发展绩效
		非专家评价	投产前，新产品在内部进行评审获得改进意见，进而完成优化
		认证	对博物馆文创产品进行质量认证，以取得消费者信任
		竞赛	行业协会主办各类层级的博物馆文创设计竞赛，提高博物馆文创设计水平
	辅助	经济辅助	对从事博物馆文创的个人提供一定的经济支持
		赋能	组建省级专家团队到地方担任设计、营销顾问，以辅助当地业务开展

对博物馆文创治理而言，产业问题与国家目标是两大关键要素。前文已将博物馆文创设计治理分为针对博物馆文创设计活动的治理、借助博物馆文创进行社会治理设计两大视角，若对上述两大要素进行视角区分的话，那么产业问题基本上属于第一视角，而国家目标则兼顾第一视角与第二视角。关于博物馆文创的产业问题已在前一章有过详细的论述，不再赘述，故在开展博物馆文创治理工具优化及设计前，需先对国家目标进行阐述。

第二节　事业维度的治理工具

一、文化事业建设目标的分解

一直以来，我国一直都非常重视文化建设。党的十六大的召开具有重要意义，这次会议首次将文化的社会性与经济性相区分，提出了"文化产业"的概念。党的二十大延续了党的十八大以来的思路，繁荣发展文化事业与文化产业，文物的创造性利用与文化的创新性发展工作被再次强调。党的十八大后，以习近平同志为核心的党中央格外重视我国的文化建设，近10年出台了各项文化政策，其中与博物馆文化产业密切相关的部分政策、法规、规划、意见等文件见表4-2。

表4-2　与博物馆文创密切相关的文化政策

文件名称	颁布部门	文号
《国务院关于推进文化创意和设计服务与相关产业融合发展的若干意见》	国务院	国发〔2014〕10号
《文化部、中国人民银行、财政部关于深入推进文化金融合作的意见》	文化部、中国人民银行、财政部	文产发〔2014〕14号
《中华人民共和国博物馆条例》	国务院	国务院令〔2015〕659号
《国务院关于进一步加强文物工作的指导意见》	国务院	国发〔2016〕17号
《国务院办公厅转发文化部等部门关于推动文化文物单位文化创意产品开发若干意见的通知》	国务院办公厅	国办发〔2016〕36号
《关于促进文物合理利用的若干意见》	国家文物局	文物政发〔2016〕21号
《关于贯彻落实国务院办公厅转发〈关于推动文化文物单位文化创意产品开发的若干意见〉的通知》	国家文物局	文物博函〔2016〕1007号
《关于公布全国博物馆文化创意产品开发试点单位名单的通知》	国家文物局	文物博函〔2016〕1799号
《"互联网＋中华文明"三年行动计划》	国家文物局、国家发展改革委、科技部、工信部、财政部	文物博函〔2016〕1944号
《国务院办公厅关于进一步扩大旅游文化体育健康养老教育培训等领域消费的意见》	国务院办公厅	国办发〔2016〕85号
《中华人民共和国公共文化服务保障法》	全国人大	主席令第60号〔2016〕
《国务院办公厅关于转发文化部等部门中国传统工艺振兴计划的通知》	国务院办公厅	国办发〔2017〕25号
《"互联网＋中华文明"专项资金管理暂行办法》	国家文物局	文物办发〔2017〕19号
《关于加强文物保护利用改革的若干意见》	中共中央办公厅、国务院办公厅	中办发〔2018〕54号
《博物馆馆藏资源著作权、商标权和品牌授权操作指引（试行）》	国家文物局	文物博发〔2019〕14号
《文化产业发展专项资金管理办法》	财政部	财教〔2021〕64号
《"十四五"文化和旅游发展规划》	文化和旅游部	文旅政法发〔2021〕40号

续表

文件名称	颁布部门	文号
《关于推进博物馆改革发展的指导意见》	中央宣传部、国家发展改革委、教育部、科技部、民政部、财政部、人力资源社会保障部、文化和旅游部、国家文物局	文物博发〔2021〕16号
《关于进一步推动文化文物单位文化创意产品开发的若干措施》	文化和旅游部、中宣部、国家发展改革委、财政部、人力资源社会保障部、市场监管总局、国家文物局、国家知识产权局	文旅资源发〔2021〕85号
《关于推进实施国家文化数字化战略的意见》	中共中央办公厅、国务院办公厅	中办发〔2022〕27号
《"十四五"文化发展规划》	中共中央办公厅、国务院办公厅	—

为深入了解党和国家出台的相关文化政策的目标价值，笔者对上述文件的制定背景或政策意义进行了梳理（见表4-3），在对含义相似但文字表述有差别的语句进行调整的基础上，对关键句进行了频次统计与内涵概括（见表4-4）。

表4-3　文化政策文件的制定背景或政策意义

文件名称	制定背景或政策意义
《国务院关于推进文化创意和设计服务与相关产业融合发展的若干意见》	推进文化创意和设计服务等新型、高端服务业发展，促进与实体经济深度融合，是培育国民经济新的增长点、提升国家文化软实力和产业竞争力的重大举措，是发展创新型经济、促进经济结构调整和发展方式转变、加快实现由"中国制造"向"中国创造"转变的内在要求，是促进产品和服务创新、催生新兴业态、带动就业、满足多样化消费需求、提高人民生活质量的重要途径
《文化部、中国人民银行、财政部关于深入推进文化金融合作的意见》	深入推进文化与金融合作，推动文化产业成为国民经济支柱性产业
《中华人民共和国博物馆条例》	为了促进博物馆事业发展，发挥博物馆功能，满足公民精神文化需求，提高公民思想道德和科学文化素质
《国务院关于进一步加强文物工作的指导意见》	为切实加强文物工作，进一步发挥文物资源在传承和弘扬中华优秀传统文化、实现中华民族伟大复兴中国梦中的重要作用
《国务院办公厅转发文化部等部门关于推动文化文物单位文化创意产品开发若干意见的通知》	为深入发掘文化文物单位馆藏文化资源，发展文化创意产业，开发文化创意产品，弘扬中华优秀文化，传承中华文明，推进经济社会协调发展，提升国家软实力
《关于促进文物合理利用的若干意见》	为全面贯彻"保护为主，抢救第一，合理利用，加强管理"的文物工作方针，充分发挥文物的历史、艺术、科学价值，传承弘扬中华优秀文化，促进社会文明进步

文件名称	制定背景或政策意义
《"互联网＋中华文明"三年行动计划》	文化遗产承载灿烂文明，传承历史文化，维系民族精神，是国家的"金色名片"。把互联网的创新成果与中华传统文化的传承、创新与发展深度融合，深入挖掘和拓展文物蕴含的历史、艺术、科学价值和时代精神，彰显中华文明的独特魅力，丰富文化供给，促进文化消费
《中华人民共和国公共文化服务保障法》	为了加强公共文化服务体系建设，丰富人民群众精神文化生活，传承中华优秀传统文化，弘扬社会主义核心价值观，增强文化自信，促进中国特色社会主义文化繁荣发展，提高全民族文明素质
《国务院办公厅关于转发文化部等部门中国传统工艺振兴计划的通知》	构建中华优秀传统文化传承体系，加强文化遗产保护，振兴传统工艺，促进中国传统工艺的传承与振兴
《关于加强文物保护利用改革的若干意见》	要从坚定文化自信、传承中华文明、实现中华民族伟大复兴中国梦的战略高度，提高对文物保护利用重要性的认识，增强责任感、使命感、紧迫感，进一步解放思想、转变观念，深化文物保护利用体制机制改革，加强文物政策制度顶层设计，切实做好文物保护利用各项工作
《博物馆馆藏资源著作权、商标权和品牌授权操作指引（试行）》	激发博物馆创新活力，盘活用好馆藏文物资源，推动博物馆逐步开放共享文物资源信息，规范博物馆文化创意产品开发的相关授权工作
《"十四五"文化和旅游发展规划》	坚定文化自信，增强文化自觉，坚持稳中求进工作总基调，以推动文化和旅游高质量发展为主题，以深化供给侧结构性改革为主线，以改革创新为根本动力，以满足人民日益增长的美好生活需要为根本目的，统筹发展和安全，大力实施社会文明促进和提升工程，着力建设新时代艺术创作体系、文化遗产保护传承利用体系、现代公共文化服务体系、现代文化产业体系、现代旅游业体系、现代文化和旅游市场体系，推进文化铸魂，发挥文化赋能作用，推进旅游为民、发挥旅游带动作用，推进文旅融合，努力实现创新发展，为提高国家文化软实力、建设社会主义文化强国做出积极贡献
《关于推进博物馆改革发展的指导意见》	将博物馆事业主动融入国家经济社会发展大局，加强考古成果和历史研究成果的转化与传播，为坚定文化自信、传承中华文明、推动中国特色社会主义文化繁荣发展、满足人民美好生活需要、建设社会主义文化强国、实现"两个一百年"奋斗目标和中华民族伟大复兴中国梦做出积极贡献
《关于进一步推动文化文物单位文化创意产品开发的若干措施》	有利于推动中华优秀传统文化创造性转化、创新性发展，有利于培育和弘扬社会主义核心价值观，有利于社会主义文化强国建设
《关于推进实施国家文化数字化战略的意见》	建设中华民族共有精神家园，提升国家文化软实力，维护国家文化安全和意识形态安全，满足人民日益增长的精神文化需要，推进社会主义文化强国建设
《"十四五"文化发展规划》	文化是国家和民族之魂，也是国家治理之魂。没有社会主义文化繁荣发展，就没有社会主义现代化。在新的历史起点上进一步推动社会主义文化繁荣兴盛，建设社会主义文化强国

表 4-4　文化政策文本中的关键句内涵、维度标签及其频次

关键句	频次	内涵概括	维度标签
传承与弘扬中华优秀传统文化	9	文化传承	对内、事业
满足大众文化消费需求（提高人们生活质量）	9	文化消费	对内、产业
推进经济社会发展（促进跨界合作）	6	融合发展	对内、产业
增强文化自信（维系民族精神）	6	民族凝聚力	对内、事业
建设社会主义文化强国	5	中国方案	对外、事业
提高国家文化软实力	4	文化影响力	对外、产业
提高公民素养	4	公众教育	对内、事业

　　上述统计结果揭示了文化传承、文化消费、融合发展、民族凝聚力、中国方案、文化影响力、公众教育是党和国家的文化政策关键词，其中文化传承、文化消费是两大主要的对内目标，分别属于文化事业、文化产业维度；融合发展是对文化产业提出的要求，也是产业的发展策略，即文化产业需要协同其他产业发展；民族凝聚力是文化建设在社会治理层面的目标，属于事业维度；中国方案、文化影响力涉及对外形象的展示；公众教育属于对内的事业维度。从表 4-4 中发现，党的十六大所确立的文化建设目标二分法并没有改变。总的来说，事业面向的目标包含文化传承、民族凝聚力、中国方案、公众教育等以提升社会效益为要旨的子维度；产业面向的目标则包含文化消费、融合发展、文化影响力等以提升经济效益为要旨的子维度。正如党的十六大精神并未割裂文化产业与文化事业一样，文化建设的社会事业与经济产业目标也相辅相成、互为支撑。

　　基于此，本书从社会事业与经济产业两大层面出发，对博物馆文创的治理目标进行分解：（1）从事业维度看，文化传承关注的是中国文化可持续性创新的目标，民族凝聚力与公众教育关注的是文化的社会治理目标，中国方案则关注对外展示中国文化形象的目标。在这一维度中，增强民族凝聚力是文化政策的基本目标，这是利用文化"润物细无声"的教化作用来实现的，对博物馆而言，可以通过展览来增强文化认同；除此以外，新时期的公众教育还扮演着

创意创新引导者的角色。对博物馆文创而言，教育活动需要从文化创新角度去设计，这是文化政策的现实目标。中国方案则是借由国内的文化创新向他国传递中国形象，价值观是输出的根本内容，展览、文创产品皆是必不可少的宣传载体，以提升民族凝聚力、开展公众教育、文化传承等工作为基础，是文化政策的长期目标。经上述分析可知，就当前文化建设的目的而言，教育性与可持续是事业维度的文化政策关键词。（2）从产业维度看，文化消费的目标是向社会大众提供高质量的文化内容，融合发展的目标是增强产业的协同能力，文化影响力的目标则是高质量文化内容的对外输出。在这一维度中，向国内社会大众提供高质量的文化消费内容是基础目标，对博物馆而言，这包括提供高质量的展览与文创产品；提高文化产业与其他产业的协同能力是指通过一定的机制使文化为其他产业的发展赋能，这是文化政策的现实目标，在博物馆文创语境中，商业授权制度就是这种赋能机制；文化影响力是指文化内容的对外输出，与事业维度的中国方案相似，都是对外宣传工作，依赖的是国内文化内容的高质量生产，也是我国文化政策的长期目标。由上述分析可知，高质量、协同性是产业维度的关键词。

二、适合国家文化目标的工具

虽然表4-4展现了不同关键句的出现频次，但由于每个阶段的政策侧重点会依据国内外的形势做出动态调整，所以也存在先后的区别。此外，由于上述目标涉及七项内容，其丰富的多样性无疑提升了博物馆文创治理设计的复杂度。为降低难度，笔者试图用教育性、可持续、高质量、协同性等四大目标关键词来概括上述七项内容。再通过将目标关键词与博物馆文创业务环节相结合的方式，使国家目标融入微观的博物馆文创业务中，以避免造成宏观目标与微观业务在治理上的脱节。

文物展览是实施公众教育的载体，也是博物馆传统开展社会教育的抓手，因此，教育性是文物展览的标签之一。此外，随着观展活动的流行，博物馆提供的免费说教式的常设展览开始逐渐流失观众，社会大众普遍开始期待博物馆能提供更酷炫、更新颖、更好玩的展览。如故宫博物院和北京市委宣传部在2019年策划的"紫禁城里过大年之上元之夜"是首次用投影的方式在夜里"点亮"故宫的活动，造成3000万人争抢3000个名额的空前盛况，这一展览之所以如此火爆，一是故宫夜游机会千载难逢，二是展览的视听效果酷炫，三是藏品的展示方式特别。然而，国内这样的好展览甚少。从这一现象看，社会大众普遍期待高质量的展览，即使需要付费。由上述分析可见，对文物展览而言，教育性、高质量是其重要的价值取向。

目前，博物馆开展社会教育活动的形式主要是文物知识讲座，这类讲座大多数是研究者的学术信息分享，能帮助观众深入了解某一项文物或文化知识，其核心任务就是知识普及。因此，教育性是教育活动的标签之一。随着博物馆"第二课堂"活动的普及，越来越多中小学生需要定期来博物馆"打卡"。在"大众创业、万众创新"的时代背景下，培养未来一代的创新创意能力，尤其是文化创新能力，开始成为博物馆社会教育的新工作，文化可持续性发展也成为博物馆文创的重要任务。因此，博物馆教育活动的另一个标签是可持续。

"同质化"是困扰文创产品的重要产业问题，严重影响了消费者对博物馆文创产品的购买欲望，为了解决此问题，实现产品差异化发展是必经之路。换言之，博物馆文创产业实现文创产品高质量开发才能满足消费者的文创消费需要，因此，高质量是文创产品维度的标签之一。此外，文化政策明确要求文化产业要与其他产业融合发展，这就意味着文创产品开发需要具备协同性，即用文化来推动多个产业领域的发展。故此，协同性是另一个重要标签。

综上所述，三大博物馆文创业务单元的内容差异造成它们各自拥有独特的目标标签（见表4-5），亦即这三大单元各自代表了文化建设中国家目标的不同层面。因此，开展不同的业务活动都是围绕着国家文化建设目标。

表4-5　博物馆文创不同业务单元的目标标签

博物馆文创业务单元	目标标签
文物展览	教育性、高质量
教育活动	可持续、教育性
文创产品	高质量、协同性

　　马修·卡莫纳的"设计治理"工具包也可以按照不同的目标标签进行分类（见表4-6），这一标签匹配工作是通过将使用场景示范与目标标签进行比较的方式来完成的。从结果可以看出：与高质量目标息息相关的潜在治理工具包括设计标准、设计准则、奖励、开发商贡献、开发许可、批准、审查、实践指南、案例研究、奖项、非专家评价、认证、竞赛、赋能等14种；与教育性标签存在密切关系的可选治理工具包括赋能、教育与培训、运动、倡议等4种；与协同性密切相关的治理工具是伙伴关系。另外，设计政策、设计框架、补贴、直接投资、过程管理、采用、研究、指标、经济辅助等九种工具，由于难以概括其主要的目标关键词，故并未赋予它们任何标签。

表4-6　博物馆文创设计治理工具的目标标签

工具名称	使用场景示范	目标标签
运动	制定博物馆文创的宣传计划，并有计划地开展活动	教育性
倡议	巧妙结合博物馆新闻热点，发动文创公益性倡议	教育性
教育与培训	实施专业教育、通识教育、继续教育，多方面携手共创产业生态	全目标
赋能	组建省级专家团队到地方担任设计、营销顾问，以辅助当地业务开展	高质量、教育性
设计标准	制定博物馆文创设计的国家标准，规定博物馆文创设计达标的最低要求	高质量
设计准则	各地方主管部门依据当地实际情况，因地制宜制定博物馆文创设计准则	高质量
实践指南	就博物馆文创设计的细节等问题提供必要的实践指南	高质量
案例研究	委托行业协会对成功的博物馆文创项目进行档案整理并进行经验总结	高质量
竞赛	行业协会主办各类层级的博物馆文创设计竞赛，提高文博文创设计水平	高质量
开发许可	博物馆内部配备专业的文创设计审查机构，以确保文创设计质量	高质量
审查	在项目开发中，适时进行评估，以控制项目结果质量，避免资源浪费	高质量
非专家评价	投产前，新产品在内部进行评审获得改进意见，进而完成优化	高质量
批准	制定完整的博物馆文创设计开发决策程序，实施批准后才能投产的制度	高质量
认证	对博物馆文创产品进行质量认证，以取得消费者信任	高质量
奖项	行业协会每年颁发奖项以表彰上一年度的优秀成果	高质量

续表

工具名称	使用场景示范	目标标签
奖励	博物馆对从事博物馆文创工作的馆员进行绩效考核，实施按劳分配	高质量
开发商贡献	对博物馆文创有贡献的企业将获得国家在文创开发上的政策支持	高质量
伙伴关系	与旅游、非遗、设计、休闲、餐饮等相关产业联结以建立战略联盟	协同性
设计政策	中央及地方政府就博物馆文创制定特殊的政策以鼓励博物馆文创产业发展	—
设计框架	中央及地方政府对博物馆文创进行总体规划，明确其价值定位	—
补贴	补贴企业的博物馆文创产品设计开发、购买艺术授权的费用	—
直接投资	官方直接投资博物馆文创的基础设施建设，如建设文博文创展售平台	—
过程管理	政府对博物馆文创产业的发展进展进行绩效监管，以避免懒政出现	—
采用	鼓励国企投资文创产业数字化平台建设，使之成为国家平台	—
研究	鼓励科研院所对博物馆文创产业进行专业研究，为决策者提供建议	—
指标	制定博物馆文创发展评价的具体指标，以衡量产业发展绩效	—
经济辅助	对从事博物馆文创的个人提供一定的经济支持	—

从表4-6可以发现，促进高质量目标治理的工具占据了工具包的"半壁江山"，说明实现高质量目标的工具是充足的；虽然教育性治理工具只有四种，但已基本涵盖了常见的几种活动形式，其中，"教育与培训"是全目标的治理工具，因为各类目标的达成都需要通过教育；协同性只在一种工具中得到直接体现，但暗示了商业授权制度。值得一提的是，表4-6中并没有被贴上"可持续"标签的工具，这就意味着治理工具包中并没有针对"可持续"目标的工具，因此，可持续的治理工具需要从外部引入。在上文的分析中，可持续是与教育、文化创新相联系的，主要指社区居民参与文化创新工作，正好对应设计学中的社会创新手段，故可以将社会创新作为可持续的治理工具。

在上述分析的基础上，经重新整理，归纳出了国家文化治理目标下的博物馆文创各业务单元的治理工具包（见表4-7）。

表4-7　国家文化治理目标下的博物馆文创业务治理工具包

博物馆文创业务单元	治理工具包
文物展览	设计标准、设计准则、奖励、开发商贡献、开发许可、批准、审查、实践指南、案例研究、奖项、非专家评价、认证、竞赛、赋能、教育与培训、运动、倡议
教育活动	社会创新、教育与培训、运动、倡议
文创产品	设计标准、设计准则、奖励、开发商贡献、开发许可、批准、审查、实践指南、案例研究、奖项、非专家评价、认证、竞赛、赋能、教育与培训、商业授权

第三节 产业维度的治理工具

一、产业问题的维度定位分析

基于系统设计观，并结合博物馆文创的产业特征，博物馆文创设计治理至少包含三个层面：（1）宏观层面。该层面主要是指党和政府对博物馆事业、文创产业的整体规划，涉及博物馆文创工作的价值定位、文化建设目的等，这些都是中观层面中博物馆等文博机构开展具体工作的指导方针。（2）中观层面。该层面主要指博物馆管理层进行文创运营时所采取的各项具体策略，包括商业授权制度、人员激励制度、产品开发策略、人力资源配置、产业协同流程、开发决策流程、开发评价体系等内容，这些为微观的设计层提供机制与组织支撑。（3）微观层面。该层面主要是指文创产品开发的方法，涉及文创设计的方法论、商业授权的配套资料库等；同时，也是文物展览、教育活动、文创产品等内容的输出层。上述三个层面互相嵌套、逐层递进，共同组成了博物馆文创工作的运作系统（见图4-1）。

图4-1 博物馆文创工作运作系统

按照上述博物馆文创工作运作系统，笔者进一步对前一章结尾处关于博物馆文创产业典型问题的归纳表（见表3-2）从问题原因、解决对象两个维度进行了定位，并依照"宏观—中观—微观"的顺序对典型问题进行了重新排列（见表4-8）。很多问题涉及不同的层面，如"人才培训力度弱"问题，这个问题并不是博物馆运营的中观层面能妥善解决的，而是需要依赖政府在宏观层面出台相应的政策，但人才培养属于人力资源配置问题，在上文提出的博物馆文创工作运作系统中是属于中观层面，因此，笔者将问题原因定位在宏观层面，将解决对象定位在中观层面，一个问题形成了多维定位。此外，笔者按照相似的规则，对各产业问题逐个进行了维度定位。需要说明的是，若要使结果更客观，则可以采用专家打分的方式。

表4-8　博物馆文创产业典型问题的维度定位

原序号	产业典型问题	问题原因维度	解决对象维度
26	产业发展不均衡	宏观层面	宏观层面
30	人才培训力度弱	宏观层面	中观层面
29、34	设计竞赛价值未发挥	中观层面	中观层面
1	文创产品认知有误	中观层面	中观层面
18	博物馆放弃主导权	中观层面	中观层面
31	开发意义不明确	中观层面	中观层面
2	竞赛设计评价标准缺乏	中观层面	微观层面
4	销售渠道欠妥当	中观层面	微观层面
6	文创开发缺乏统筹	中观层面	微观层面
11	特色发展不明显	中观层面	微观层面
12、32	设计成果难转化	中观层面	微观层面
13	开模定制类产品偏少	中观层面	微观层面
14	产品性价比较低	中观层面	微观层面
17、25	产品同质化	中观层面	微观层面
19	产品开发流程不科学	中观层面	微观层面
20	品牌标识使用随意	中观层面	微观层面
21	产品品类单调	中观层面	微观层面
23	文物素材遴选标准有误	中观层面	微观层面
24、33	设计竞赛评审欠公正	中观层面	微观层面
27	商品化程度不高	中观层面	微观层面
28	产品"叫好不叫座"	中观层面	微观层面
8	产品创意不足	微观层面	微观层面
11、22	功能元素强制拼凑	微观层面	微观层面

在设计治理工具的维度定位上，笔者遵循了对产业典型问题的维度定位方式，逐一为"设计治理"工具包中的各个治理工具贴上了维度标签，并进行了重新排列（见表4-9）。

表4-9　博物馆文创设计治理工具的维度标签

工具名称	使用场景示范	治理主体维度	治理对象维度
设计政策	中央及地方政府就博物馆文创制定特殊的政策以鼓励博物馆文创产业发展	宏观层面	宏观层面
设计框架	中央及地方政府对博物馆文创进行总体规划，明确其价值定位	宏观层面	宏观层面
指标	制定博物馆文创发展评价的具体指标，以衡量产业发展绩效	宏观层面	宏观层面
研究	鼓励科研院所对博物馆文创产业进行专业研究，为决策者提供建议	宏观层面	多层面
经济辅助	对从事博物馆文创的个人提供一定的经济辅助	宏观层面	中观层面
补贴	补贴企业的博物馆文创产品设计开发、购买艺术授权的费用	宏观层面	中观层面
直接投资	官方直接投资文博文创的基础设施建设，如建设博物馆文创展售平台	宏观层面	中观层面
采用	鼓励国企投资文创产业数字化平台建设，使之成为国家平台	宏观层面	中观层面
过程管理	政府对博物馆文创产业的发展进展进行绩效监管，以避免懒政出现	宏观层面	中观层面
开发商贡献	对博物馆文创有贡献的企业将获得国家在文创开发上的政策支持	宏观层面	中观层面
奖励	博物馆对从事博物馆文创工作的馆员进行绩效考核，实施按劳分配	中观层面	中观层面
伙伴关系	与旅游、非遗、设计、休闲、餐饮等相关产业联结以建立战略联盟	中观层面	中观层面
教育与培训	实施专业教育、通识教育、继续教育，多方面携手共创产业生态	中观层面	多层面
赋能	组建省级专家团队到地方担任设计、营销顾问，以辅助当地业务开展	中观层面	微观层面
实践指南	就博物馆文创设计的细节等问题提供必要的实践指南	中观层面	微观层面
案例研究	委托行业协会对成功的博物馆文创项目进行档案整理并进行经验总结	中观层面	微观层面
竞赛	行业协会主办各类层级的博物馆文创设计竞赛，提高博物馆文创设计水平	中观层面	微观层面
审查	在项目开发中，适时进行评估，以控制项目结果质量，避免资源浪费	中观层面	微观层面

续表

工具名称	使用场景示范	治理主体维度	治理对象维度
开发许可	博物馆内部配备专业的文创设计审查机构，以确保文创设计质量	中观层面	微观层面
非专家评价	投产前，新产品在内部进行评审获得改进意见，进而完成优化	中观层面	微观层面
批准	制定完整的博物馆文创设计开发决策程序，实施批准后才能投产的制度	中观层面	微观层面
认证	对博物馆文创产品进行质量认证，以取得消费者信任	中观层面	微观层面
奖项	行业协会每年颁发奖项以表彰上一年度的优秀成果	中观层面	微观层面
运动	制定博物馆文创的宣传计划，并有计划地开展活动	中观层面	微观层面
倡议	巧妙结合博物馆新闻热点，发动文创公益性倡议	中观层面	微观层面

表4-8与表4-9均进行了双维度定位，因此，在为各个产业问题选择治理工具时，只需按照维度标签进行匹配即可。此外，本书将结合"同质化"问题阐释如何使用表4-8和表4-9为特定的产业问题寻找合理的治理工具，[①]从表中可知，"同质化"属于"中观层面＋微观层面"的组合，按照相应的标签，从"设计治理"工具包中，初步找到了"开发许可、批准、审查、实践指南、案例研究、奖项、非专家评价、认证、竞赛、赋能、运动、倡议"等12种具有相似组合的治理工具；下一步，治理者需要确定各种工具的合理性，可以采用以下方法进行工具的筛选，若该工具是合适的，那么它将直接为治理者提供治理灵感，否则，需要治理者花较多时间去思考如何选择。接下来，笔者将借助使用场景对12种初步选择的治理工具进行筛选："开发许可"所配备的设计审查机构对缓解同质化问题、提高产品差异性具有直接的价值，故这种工具是合理的；"批准"要求有完整的产品开发决策程序，这对解决同质化问题具有意义，故该工具具有合理性；由于借助"实践指南"可以预先向开发者们强调同质化问题的危害性，在设计启动时就注意减少同质化现象，因此，该工具是合理的；"案例研究"为开发者提供了"同质化低、差异化强"的优秀案例及经验做法，对缓解同质化问题具有直接帮助，因此，该工具是合理的；参与"奖项"评定的

---

① 后文将结合"同质化"问题再谈其他治理工具的应用。

评委自然会筛选具有差异性的产品进行表彰，这一工具对减少同质化问题是有价值的，可以入选；"非专家评价"中，可以特别就产品的"独特性"征求试用者的评价，这虽然属于开发后期的干预方式，但对抑制市场中的同质化现象是有帮助的，因此，该工具是合理的；"认证"工具在同质化问题的治理上可能并不合适，因为无法找到具体的措施；"竞赛"通过广泛收集设计师的创意来实现产品的多样性，因此，该工具是合理的；"赋能"工具邀请专家来辅助文创产品的设计实践，能减少产品的同质化现象，故该工具是合理的；对于"运动""倡议"两种工具，由于无法直接从使用示范中直接发现工具的合理性，这两种工具并不适合用于对同质化问题的治理。综上所述，开发许可、批准、审查、实践指南、案例研究、奖项、非专家评价、竞赛、赋能等九种工具适合解决同质化问题，认证、运动、倡议等三种工具则不适合。需要注意的是，这些工具是经由中观层面的分析而得出的，适合为中观层面的治理者提供参考，但还需要继续在微观层面细化，才能实现对同质化问题的真正治理，而这一细化研究将在下一章进行详细阐述。

治理者可以遵循上述逻辑，对其他产业的典型问题进行治理工具的选择。正如在同质化案例中所展示的，个别工具或许会存在与问题不相匹配的情况，甚至还会存在现有的"设计治理"工具包中无法找到工具的情况，如表4-8中"微观层面＋微观层面"的组合。对这类组合而言，"设计治理"工具包中并没有相应的工具，这就意味着针对这方面问题需要自己设计治理工具。由于上述问题均是产品设计中的问题，多与当前不成熟的产品设计方法论有关。因此，从这一层面看，势必要建立产品设计方法论体系。正如上文提到的，当下的设计方法论体系建设仍不成熟，照搬西方通用理论的情况居多，与我国博物馆文创产品领域的设计存在不匹配的情况，同时，由于中西语境不同，博物馆文创设计方法论体系建设还需关注语境差异。当然，适合中国博物馆文创产品设计的方法论体系建设长路漫漫，仍需博物馆文创产品设计研究者进行深入研究。

需要指出的是，虽然本章分别从国家目标、产业问题角度对设计治理的两个维度（通过博物馆文创进行治理、针对博物馆文创活动进行治理）进行了治理工具的匹配与优化，但两组工具并没有经过验证。一方面是因为治理工具的选择是因人而异的。大多数"设计治理"工具都具有开放性，这是工具选择因人而异的根本原因。另一方面是因为本书的主旨并不是为博物馆文创治理提供完善、全面的对策建议，而是为博物馆治理者提供治理工具选择的另一种思路。此外，正如前文提到的，马修·卡莫纳所提出的"设计治理"工具包本身是英国建筑设计领域的治理工具，是主要面向宏观、中观两个层面治理者的治理工具，因此，就微观层面而言，还缺乏相应的治理工具。此外，原始的"设计治理"工具包与博物馆文创的设计治理还存在一定的差异性，因此，如何基于博物馆文创的特征进行治理工具定制尤为重要。

二、现有治理工具的优化定制

（一）设计政策

这里所说的"政策"泛指政府层面的政策、法律等，目前，博物馆文创领域已有多项政策，但从政策完善角度看，主要还需要进行两类法律制度的制定：一是博物馆机构人员激励制度（这其实也是"奖励"工具的具体体现），二是知识产权的保护。

不论是在文献中，还是在实地走访里，针对博物馆文创开发的激励机制缺失一直被认为是中国博物馆文创发展中的绊脚石。在中国，约占总数70%的国有博物馆[①]都是受国家财政预算支持的文博单位，由于现有的财政制度限制，文创经营收入的全部必须纳入财政预算。虽然理论上存在"收支两条线"，但在实际操作中，经营性收入经常被用于抵扣财政预算，这就降低了博物馆员工开

———————

[①] 根据国家文物局"全国博物馆年度报告信息系统"的数据（2022年11月10日查询，查询网址：http://nb.ncha.gov.cn/museum.html），2021年全国备案的博物馆为6183家，备案的非国有博物馆为1989家。

展文创工作的积极性。① 此外，虽然国家文物局已经出台了《关于鼓励和支持社会力量参与文物建筑保护利用的意见》，但意见转化为实施细则还面临一些制度上的挑战。随着相关文创产品开发试点措施的出台，这类问题或在不远的将来会得到解决，博物馆开展文创工作的积极性也会进一步提升。

保护好文创产品的知识产权是关系博物馆文创产业健康发展的关键。文创产业是知识产权侵权事件发生率较高的产业之一，由于设计师缺乏对知识产权保护体系的了解，常遇到设计师不知如何维权而放弃使用法律武器的情况，这一现象若不改善，将会严重打击设计从业者的积极性。虽然近年来我国知识产权保护法律建设已日趋完善，但依然存在执法困难、举证困难等问题。在知识产权保护领域，若能将区块链技术引入博物馆文创产业，使设计师更方便地进行设计作品的著作权登记与交易，也许能在一定程度上解决难题。目前，全球范围内利用区块链技术保护知识产权还缺乏实践案例，但中国有高质量发展文创产业的迫切需求，也拥有强大的技术团队，具有率先全面利用区块链技术实现文创产业领域的知识产权保护的能力。

（二）伙伴关系

"设计治理"工具包里的"伙伴关系"至少有两层含义：一是博物馆间形成联盟关系，二是博物馆与其他行业形成联盟关系。

1. 博物馆联盟

当前，各地区都在纷纷建立博物馆联盟，如江苏的"江苏省博苏堂博物馆商店联盟"、浙江的"文澜阁博物馆文创商店联盟"等。② 但这些仅仅是文创商店上的合作，这里所指的博物馆联盟是建立博物馆全业务层面上的合作机制。以杭州为例，目前杭州市内各博物馆的发展还以单体发展为主，虽然出现了如杭州工艺美术博物馆、临安区博物馆等"网红博物馆"，但其知名度还是无法

---

① 陈凌云. 博物馆文化创意产品开发研究 [D]. 上海：上海大学，2018.
② 刘容. 抱团、跨界与融合：博物馆文创联盟的当下与未来 [J]. 东南文化，2021（6）：157-163.

与省外同级的其他博物馆如苏州博物馆等相提并论。临安区博物馆朱晓东书记 2006 年就提出了"托管制博物馆"的构想，他认为"集团型经营的博物馆联盟"在杭州已经具备实施条件，[①]但很遗憾，该想法并没有引起有关方面的重视。对于博物馆资源相对匮乏的地区而言，"联盟式"发展或许是解决当地博物馆发展后劲不足问题的理想模式。因此，各地博物馆主管部门应加强领导，积极完成博物馆联盟成员的吸收工作，充分发挥区域博物馆联盟的作用，实质性地推动各区县市博物馆在文物宣传、藏品数字化、社会教育、文创产品开发等领域的协同合作。

2. "产、学、研"合作

博物馆还需要充分利用高校的人才智力优势，通过组建"博物馆文创开发的产学研联盟"，共建重点实验中心、实训基地等方式与高校相关系所展开合作，共同推进博物馆文创产品开发、营销领域的实践；也可以通过基地课题形式，推动博物馆在文创产品策划、设计、营销、管理、保障等领域的理论研究，围绕博物馆产业链开展文创产品开发的方法论体系研究；编写博物馆文创开发教材以指导相关专业的实训实践教学。文创产品开发涉及文化研究、策划、设计、生产、营销等环节，关系文物专家、销售人员、设计师、生产商、渠道商等，因此，需要进行密切协同，而商业授权是该系统可持续发展的必要保证，这部分在下文单独阐述。

（三）教育与培训

治理工具中的"教育与培训"是最多元的工具，不仅包含面向观众的教育培训，也包含面向开发人员的教育培训，甚至还包含针对博物馆管理人员的教育培训。

1. 面向观众的文化普及课程

现阶段，各地博物馆所推出的课程多以中小学生为主要授课对象，既有如

---

① 朱晓东. 试论托管制博物馆联盟——以杭州地区为例 [J]. 杭州文博，2006（1）：1-3.

"第二课堂"的博物馆公开课，也有在周末假日举办的亲子小班课。公开课有受众广、效率高等优势，但存在课堂体验差、内容陈旧等不足；同样，亲子小班课也存在开班频次低、课程内容松散等缺陷。国家的文化治理任务对博物馆的公共文化服务能力提出了更高要求，体现为要加快课程库建设、优化课堂体验、增加开班频次等。同时，社会大众也不满足于博物馆仅向中小学生提供课程的现状，希望博物馆能向更多有需求的社会大众提供课程，即使需要支付一定的培训费用。因此，政府相关部门应该回应社会需求，以社会大众日渐高涨的文博热情为契机，允许博物馆以适当方式开展多元的有偿课程服务，并鼓励博物馆推进基于语音、视频平台的线上课程开发与创新，更有效地满足社会大众获取知识、体验文化的需求。

2. 对文创开发人才的培养

文创产品设计行业门槛较低，行业内聚集着大量的年轻设计师。然而，由于现行授权机制的不完善，设计师使用博物馆 IP 开发相关产品时需要承担法律风险，再加上产品入驻博物馆难度较大，生产定制产品又需满足最低订货量要求，因此很容易打击年轻设计师的积极性。而文创产品市场又是典型的长尾市场，[①] 需要文创产品具有多样性，这就注定博物馆文创产业发展离不开年轻设计师的支持。因此，各博物馆作为领导者应该积极投入精力为有志于在本行业中发展的年轻设计师提供便利的创业服务。虽然博物馆文创产业与创新创业有着天然的联系，但目前各博物馆还缺乏主动融入创新创业浪潮的积极性，也没有将人才培养与其社会教育职能相结合，没有扮演好引领者、培训者的角色。

3. 对博物馆管理者的培训

博物馆文创的高质量发展与自身管理者的文创素养息息相关。在博物馆系统内，除了部分从业者毕业于博物馆专业外，大量博物馆从业者是非科班出身。因此，对博物馆人才的培训是一项重要工作。在这类培训中，目前，国家

---

① 邹玉清.大运河江苏小城市文创产品设计研究 [J].教育教学论坛，2017（23）：84–85.

文物局等部门经常组织博物馆文创培训班，但培训对象往往局限于博物馆体系的在编人员且名额有限，这无疑向博物馆衍生行业从业者们关闭了培训的大门。由于博物馆文创产业是涉及策划、设计、生产、营销等多环节的产业链系统，局限于对博物馆在编人员进行文创培训的做法并不利于产业发展。因此，各地政府相关部门在组织培训时，应将市场分析人员、设计师、生产商、销售人员等文创产业链上的从业人员都作为培训目标，通过强化经费支持来提升公益项目的培训力度、频次；通过跨专业、交叉的培训课程体系，让文创产业从业者深入理解传统文化，了解产业运作规律，建立消费者需求导向意识，提升产品开发、商品营销等方面的能力。

（四）运动

此处的"运动"并非指体育运动，指博物馆文创的推广活动。

1. "无墙博物馆"运动

发展博物馆文创首先需提高博物馆人流量，目前不少基层博物馆面临人流量少的问题，这严重制约了其文创产业的发展。国内举凡文创产业发展较好的博物馆，几乎都是人流量大的博物馆。虽然开展"第二课堂"活动邀请中小学生进博物馆参观可以增进学生对地方传统文化的了解，但这还远远不够，博物馆还需参照"传统曲艺进校园"的模式，开展"无墙博物馆"运动，主动进入校园宣传文物，以扩大博物馆文化的辐射面，引导学生了解并拥抱传统文化。在"文物进校园"的活动中，除了介绍藏品文化，还需尽可能地将文创产品制作体验整合到中小学美术课中，激发学生对文创产品的兴趣与创新意识。此外，还应积极与社区合作，借助"文物进社区"等活动，向大众普及博物馆文物及文化，将低成本、高品质、有创意的文创产品作为宣传品发放，以赢得大众对博物馆的好感，在无形中引导观众参观博物馆；同时，还可以定期在商贸中心、交通枢纽站等场所展示"文物藏品"（复制品），并同步推介相应的文创产品。

2. 博物馆文创文化宣传

若要扩大文创产品市场，就需要强化社会大众对文创产品的认知，宣传便是强化认知的重要手段。建设宣传协同平台培养与引导社会大众的创新意识，使博物馆进一步履行社会教育职能，可以通过优化微博、微信公众号、抖音、快手、今日头条等社交媒体的矩阵化布局，做好定期更新、积极互动，探索有创意的宣传方式。此外，还需积极与本地媒体协同，如在当地大众媒体上开设"博物馆专栏"，每期对一款文物进行深度解读，也可以尝试邀请普通大众提交基于该文物的创意点子或设计方案，并交由专家定期进行点评，对具有商业化价值的文创方案可以进行落地生产，这有助于实现对观众创新意识的培养。在视频节目上，各地可积极探索《上新了·故宫》之类的博物馆节目，按一定脉络串联区域博物馆资源，激发社会大众的观看兴趣，也可通过社交媒体互动等形式收集他们对文物的创造性解读，为专业人士提供产品设计灵感，实现共创。

（五）直接投资、采用

在设计治理工具包中，直接投资是指利用国家财政进行公共事业平台的建设，而采用是指国家以一定形式征收已建立好的成熟商业平台用于公共事业。

1. 藏品数字平台建设

在过去十年，我国已经完成了第一次全国可移动文物普查工作，积累了一些藏品数字化成果。作为博物馆文创产品开发的根本，博物馆实施社会教育的基础手段，藏品数字化工作存在技术快速更迭所造成的数据库图片质量差、无法支撑博物馆文创业务开展等情况。鉴于藏品数字化的高成本，相关部门应从文物利用角度出发，制定统一的数字化采集标准，如建立藏品多角度高清照片库、藏品三维模型库、藏品知识库，明确藏品的文化内涵、时空背景、使用方式、使用环境等。此外，还需加强藏品数据库的开放性与易得性，可以通过网站、APP、小程序等途径，向社会大众开放。

2. 文创产品展销平台

很多地方性博物馆，尤其是改建而来的博物馆，在建设时都没有规划文创产品的销售区域，这在一定程度上制约了文创产品的展销，加上大部分地方性博物馆都存在人流量小的现实问题，因此，文创产品销量一直不尽如人意。若要提升文创产品的销量，除了花时间对博物馆文创消费市场进行培育外，还需努力提高博物馆文创产品在外地游客中的曝光率。由于在博物馆内购买文创产品的消费者往往是外地游客，他们有购买"纪念品"的需求，因此，博物馆可在外地游客集散地，如火车站、飞机场、相关的地铁站、高速服务区等交通枢纽开辟博物馆文创产品销售专区，以便外地游客带走相关"纪念品"。此外，博物馆还应努力开辟本地市场，如在本地居民聚集的购物中心、商业街等展销专为本地居民而开发的文创产品，可以文创食品、文创美妆等具有"奇、特、异"特质的产品为主。另外，鉴于博物馆文创产业内有大量的创业者，他们常因"囊中羞涩"而无法获得优质产品展示的机会，可以通过设立专区等形式对这些创业者进行扶持。从上述论述中可以看出，展售平台也是多目标取向的，既有公益属性，又有经济属性，具体是选择"直接投资"还是"采用"，需要治理者根据实际情况综合决定。

3. 知识产权交易平台

商业授权是博物馆文创产业的发展趋势，而知识产权交易平台作为该制度的实施基础也需要被纳入建设范畴。该平台不应该局限于"阿里鱼"等版权交易平台的现有模式，而是面向社会大众、博物馆、设计师、生产商及渠道商开放的"众创"平台，其运行机制可以参考如下方式：博物馆向平台投放文物衍生产品开发的设计需求，并提供藏品数字化系统中的文物信息；社会大众则通过在平台上贡献自己的创意来获得一定的物质奖励，若该创意被设计师使用并开发了相关文创产品，那么贡献者就能再获得一份奖励与一定比例的该产品的销售提成。在该平台，生产商能轻松找到帮助自己的产品实现"文创化"的设计师；而渠道商也能查看生产商所发布的制造计划，有效规避产品开发风险。由于平台已与区块链深度整合，每次发布都能获得全网唯一的时间戳，实现"所有权跟踪、全过程追溯"[①]，既能保证各方的利益，又能有效实现博物馆文创的群智创新。

（六）审查

产品设计评价体系是审查的关键依据。商业授权背景下的文创产品开发流程可简单概括为：博物馆将所建设的"文物文创图库"有偿"授权"合作商使用，以实现产品快速开发。由于图库中都是高质量的产品方案，合作商只需微调就能高效地完成产品开发工作。图库的收集可以采用多样化的形式，如文创设计大赛、定向邀约等，其直接目的就是为博物馆文创数据库提供尽可能多的高质量方案。商业授权背景下的合作模式并不是让少数企业独占博物馆文创市场，而是让尽可能多的设计方案进入"文物文创图库"。同时，设计师的报酬可以按"基本报酬＋销售提成"的模式发放：基本报酬只向符合入库条件的合格方案发放，并按工作量计算；销售提成是指产品商业化后，从产品销售收入中分出一部分给设计师，产品销售越好、利润越高，设计师能得到的提成也越高，越能促使设计师产出高质量的设计方案。评审是设计方案能否入库的最后关卡，因此应从严评审以确保质量。为保证评审质量，应建立产品设计评价体系，可以按文化性、市场性、生产可行性、设计感、创新性等维度进行分组评价：文物研究者只评价产品的文化性，渠道商只评价方案的市场性，生产商只评价方案的生产可行性，设计专家只评价产品方案是否具有设计美感及创新性。这种专职评审的方式能使方案评价更科学，更有利于筛选出高质量的方案，有效避免了"外行评内行"的情况。在具体评审组织上，可使用线上评审方式，不仅成本小、效率高，也能减少评委间的相互干扰，使结果更加客观。

[①] 徐明星，田颖，李霁月. 图说区块链 [M] 北京：中信出版社，2017.

（七）竞赛

若想办好文创大赛，就需要秉持"系统设计观"，否则会出现一系列问题，如在大学生普遍缺乏对工艺、材料了解的情况下，若没有生产商参与对接，就容易造成创意无法实现生产、制造成本过高等问题。此外，文创大赛也不能在做完藏品遴选工作后就匆匆启动，而是应该先征集合作商，由他们提供能实现开发落地的品类清单、生产工艺及市场需求等，待上述内容整理完后，再举办大赛宣讲会。进入设计阶段后，博物馆要为设计师与合作商之间的沟通搭建平台，让他们尽早完成方案可行性的论证，这样能让产品方案更具生产的可能性。在强化产品的文化性方面，博物馆应邀请藏品研究人员向参赛设计师介绍藏品的文化价值、意义、曾经的使用场景等，并借助微信等社交媒体，让参赛设计师与文物专家随时交流以解答他们对藏品文化的疑问。若能邀请设计专家在大赛进行阶段开展"工作坊"等活动，适时提供设计指导，并对方案进行把关，文创大赛所征集的方案质量也会更高，其效果也在不少大赛中得到验证。

即使在商业授权背景下，合作商也会基于成本考虑选择二维类的产品设计方案，这类设计方案往往以纹样、插画为对象，只需用印刷、刺绣、切割等工艺即可实现生产，因为不涉及复杂高昂的开模工序，能有效控制成本、扩大利润空间。[①] 鉴于当前国内博物馆文创产业还处于初级阶段，文创大赛应在限定方案制作成本的条件下，要求参赛者提供符合条件的二维类方案，这样会使方案征集更精确、更高效。此外，文创大赛不应只局限于产品设计方案的征集，鉴于博物馆文创设计是项系统工程，营销方案的设计也需要在博物馆文创大赛中加以关注。

三、文博文创专用工具包设计

下文将提出三种针对博物馆文创的组合工具包，其中"商业授权"工具包是

---

① 程辉. 博物馆文创产品"同质化"问题成因研究 [J]. 艺术与设计（理论），2019，2（4）：95-97.

针对中观层面的产业问题，适合中观层面的治理者使用；"开发体系"工具包则同时面向中观与微观层面的产业问题，适合中观与微观层面的治理者使用；创意评价标准则面向微观层面的产业问题。

（一）商业授权

商业授权是一个包含了伙伴关系、竞赛、过程管理、审查、开发许可、认证、补贴等七种工具的博物馆文创专用治理工具组合。正如前文所言，在理论层面，商业授权是基于"伙伴关系"推导出来的治理工具，其目的是增加博物馆文创与其他行业的协同性；"竞赛"是商业授权的主要运作模式，因此，在竞赛赛制的设计中，需要强化商业授权机制的作用；商业授权势必涉及严格的授权"过程管理"，而这也是当前博物馆文创产业还有待完善的内容；"审查"作为产品开发评价的代名词，在商业授权机制的运行中，扮演着质量控制者的角色；"开发许可"确保了商业授权的权威性，保障了产品的溢价空间；"认证"则类似于品牌标签，是商业授权的价值所在；而"补贴"可面向企业发放，为商业授权制度的普及推广提供资金支持。一定程度上，上述七种工具也构成了对商业授权活动的治理。也就是说，完善的商业授权机制需要从上述维度进行构建与优化。

（二）开发体系

设计方法是产品设计方法论体系的一部分，虽然能在产品开发治理上发挥一定的作用，但仅依靠设计方法仍然无法解决微观层面的治理难题。因为现有文献已提出不少设计方法，但博物馆文创"同质化"等问题依然存在，可见仅开展文创产品设计方法研究是不够的。真正能实现治理的工具之一是构建博物馆文创的设计方法论体系，因为方法论体系涉及产业价值定位，为产业问题的解决奠定了思想基础。若以"系统设计"的角度看，与设计方法相配套的设计工作流程是设计治理的另一个工具，可见开发体系的构建需要包含设计方法论体系与配套的开发工作流程。本书认为，柳冠中的"设计事理学"理论对博物馆文创产品的开发体系构建具有指导意义，虽然这是一个通用的产品设计方法论体系，但可以根据博物馆文创产品的特征对其进行改造，以形成能用于博物馆文创的开发体系。作为一种系统设计论，该理论认为，在造"物"前必须先"谋事"。置于博物馆文创语境，就是设计文创产品前，需要先了解产品所处的政治、经济、社会、产业、行业等语境。这也就意味着，文创产品设计不仅需要站在配合文物展览、传播文化的角度，也需要从文化治理的国家目标去理解，这种理论与上文对博物馆文创各类语境及目标的分析是一致的。按照"设计事理学"理论，博物馆文创产品开发体系包括"人""事""物"三个维度，即博物馆文创产品的设计方法（对"物"的研究）、营销方式（对"事"的研究）、保障机制（对"人"的研究）。

1. 设计方法

对"物"的研究，既是"设计事理学"的核心，也是博物馆文创产品开发体系的核心。本部分包含以下两个方面：（1）"事理学"视角下对博物馆文创产品设计方法的梳理。虽然关于"物"的设计方法的文献很多，但从它们与"事理学"理论的关系看，多数联系都是间接的；由于设计学科不成熟，含义相同的产品设计方法却有不同名称，故需先对文献中的博物馆文创产品设计方法进行梳理，这部分内容已在前文中进行了较完整的论述。（2）博物馆文创产品设计方法的"事理学"体系构建。文献中的博物馆文创产品设计方法仍可以按照三个维度进行分类："人"的研究（如设计心理学、感性设计等）、"事"的研究（如叙事设计、体验设计、诗意设计等）、"物"的研究（如产品符号语义学、事物原型法、打散重构法、程序化创意法、元素提炼法、拼贴法等）。对于博物馆文创产品设计逻辑，可进一步将设计方法体系细分为元素提炼方法子体系、元素应用方法子体系。

2. 营销方式

IP 理论认为，产品可以借助事件进行营销，即文创产品（"物"）销售可以借助营销（"事"）进行，[①] 而 "事理学" 理论则认为 "物" 的设计需要由 "事" 来确定。也就是说，在设计事理学视角下，前期的产品设计与最终的商品营销是一体的，可见营销问题也是产品设计方法论需要关注的内容之一。设计事理学提倡造 "物" 前先研究 "人"，"人" 由不同群体构成，风格喜好、产品需求、消费能力各异，因此，对消费者进行分析是博物馆文创开发需要着重关注的基础工作。结合博物馆文创产业特征，基于对消费者分析的营销方式研究应包含以下几方面：（1）"事" 的直接研究：由于 "事" 有讲述 "故事"、构建 "环境" 等多重含义，所以营销之 "事" 可进一步分成 "故事" 之 "事"（内容营销、众筹模式等）、"环境" 之 "事"（感官营销、O2O 模式等）两类；（2）"事" 的间接研究：先对 "人" 的需求进行研究，再根据目标群体设计具体的营销方法；（3）"事" 的策略研究：参照产品生命周期概念，博物馆文创的发展也可以分为导入期、成长期、成熟期等，故营销策略需要根据产品的所处阶段进行动态调整。如在导入期，在博物馆缺少人流量的阶段，内容营销是首选方法，通过讲述藏品 "故事"（"事"）达到吸引参观者的目的；此外，众筹模式也适合在本阶段使用。在成长期，随着参观者增多，营销方法需转到 "环境"（"事"）的营造上，此阶段可使用 O2O 模式。在成熟期，此时文创产品已多样化，需借助消费者需求理论，针对不同的目标群体进行营销。这些不同的 "事" 的研究，其目的仍是为博物馆文创产品设计提供方法论的指导，引导设计师对博物馆文创进行整合设计。

3. 保障机制

"人" 是博物馆文创产品设计方法论的使用主体，而非对象，加上文创产品评价与管理的主体都是 "人"，因此，对开发系统而言，与产品设计方法论体系相配套的保障机制是另一个重要部件。从 "人" 出发的保障机制至少包含以下两方面内容：（1）产品设计与营销评价体系。由于评价主体是 "人"，对象是 "物"，标准是 "事"，所以评价研究也需从 "人" 出发。"叫好又叫座" 是评价产品的标

准，"叫好"针对"物"，"叫座"则针对"人"（消费者）和"事"（消费环境）的需求。因此，设计事理学视角下的设计与营销评价体系需在"人""事""物"三个因素研究上展开。（2）产品开发管理体系。即理顺开发流程、配置人力资源、制定激励机制等，这也呼应了"设计政策""商业授权"等工具包的内容。

（三）文化创意评价标准

上文提到，在产业问题中存在着"微观层面 + 微观层面"的组合，涉及产品创意不足、功能元素强制拼凑等问题，这些问题需要从微观层面进行解决，但由于原始"设计治理"工具中并没有相关工具，还需要自行设计微观治理工具。产品创意不足是指博物馆文创产品的创意程度低，这其实是假设有一套博物馆文创产品的创意评价指标（metrics of creativity measurement），但不论在文献中，还是在博物馆界、设计界中，这套评价标准都不存在，因此，就产品创意不足问题而言，其治理工具是产品创意评价指标的构建。在产品创意测量方面，学界已经提出了 CPSS（Creative Product Semantic Scale）、PCMI（Product Creativity Measurement Instrument）等经典产品创意评价模型。其中，CPSS 包含新颖度（novelty）、有用性（resolution）、整体印象（elaboration and synthesis）等三个维度，PCMI 包含新颖度（novelty）、有用性（resolution）、情感化（emotion）、吸引力（attraction）、占有欲（desire）、重要性（importance）等六大维度。相较而言，由于 PCMI 模型是为工业产品设计而研发，故其比为创作而研发的通用型 CPSS 模型更适合用于博物馆文创产品设计。为验证 PCMI 模型对博物馆文创产品设计而言是否适用，笔者借助问卷调研、结构方程分析等方法对博物馆文创产品设计的创意评价模型进行了探索性研究。在这次研究中，笔者根据 PCMI 模型的评价指标构建了量表，邀请了 200 余名设计专业人士，针对全球顶尖博物馆的五款造型不同的风暴瓶进行打分评价。在经信度与效度分析后，笔者发现与情感相关的三大指标（情感化、吸引力、占有欲）具有高度的一致性，可将这三个指标整合为情感维度（affect dimension）以降低模型复杂程度。

同时，笔者从数据中发现，对博物馆文创产品而言，情感维度比新颖度更重要，这几乎颠覆了对创意评价的传统认知——新颖度是影响创意评价最主要的因素之一。此外，基于现有数据笔者发现，五款测试样品的有用性、重要性等维度分值大多数处于平均分以下，有用性、重要性或许并非博物馆文创产品创意度评价的必要指标，但这一推论在该次实验中缺乏足够的数据支持。经过这次研究，笔者确认了 PCMI 模型确实存在不足。[①] 由于该模型缺乏对博物馆文创设计评价不可或缺的美学、社会价值等维度指标，笔者进行了第二次研究。

虽然第二次研究与第一次研究所使用的方法相同，但在量表设计、评测主体、评测对象上发生了较大变化：在量表设计上，笔者针对博物馆文创产品的属性，提出了与之相适应的美学、社会价值等维度的评价指标，其余维度则沿用了 PCMI 模型；在评价主体设计上，第二次研究邀请了博物馆文创产品消费者参与；在评测对象上，该次研究不再为评测者提供具体的博物馆文创样品，而是要求他们就所接触的博物馆文创产品给出整体印象评价。该问卷共有 931人参与填写，有效问卷 708 份（有效率 76.05%）。在经信度、探索性因子分析、验证性因子分析后，笔者利用结构方程模型对数据进行了深度分析。该研究证实，在博物馆文创产品的创意度评价上，情感维度确实比新颖度更重要（新颖度甚至可从模型中剔除[②]）；分析报告建议将有用性与重要性的各子指标合并。[③]数据支持将美学、社会价值等维度引入博物馆文创产品的创意度评价中。经上述初步探索，笔者构建了以下适合博物馆文创产品创意度评测的模型与指标体系[④]（见图 4–2）。

---

① 该研究的具体实施过程及相关数据分析，请参看笔者所撰写的关于博物馆文创产品创意度评价的系列论文。

② 新颖度与创意度之间的路径不显著，按照结构方程模型的常用做法，可以删除该维度。但由于在创意评价中，新颖度一直以来都具有举足轻重的地位，故暂时保留。

③ 鉴于在博物馆文创中，产品功能有用性比产品重要性更受关注的事实，本模型将重要性维度吸纳到有用性维度中，并维持该维度的名称，即仍为"有用性"。

④ 该研究的具体实施过程及相关数据分析，请参看笔者所撰写的关于博物馆文创产品创意度评价的系列论文。

图 4-2 博物馆文创产品创意度评测的模型与指标体系

因此，就产品创意不足问题而言，其治理工具是产品创意评价指标的构建。此外，功能元素强制拼凑是指产品的功能与文物元素存在强行拼凑的情况，这从设计学看，是未在理解文物符号特征的前提下，机械地使用了产品符号语义学的结果，也就是说这个问题的解决需要建立一套适合对中国文化符号进行创新改造的设计方法及方法论体系，换言之，就是一套文化转译评价标准，或许传统的"图案学"可以成为该体系的一部分。

四、文博文创治理工具小结

前文已结合博物馆文创的同质化问题，进行了治理工具的选择演示。遵循相似的工具选择逻辑，笔者利用"双维度"标签逐一对产业问题进行了定位，为各类产业问题匹配了相应的治理工具。然而，值得注意的是，某些工具并不适合特定的产业问题。因此，笔者采用了排除法，逐一整理了治理工具，最终汇总了适合各文创产业问题的治理工具（见表 4-10）。

表 4-10　博物馆文创产业典型问题的治理工具汇总

产业典型问题	治理工具
产业发展不均衡	设计政策、设计框架、指标
人才培训力度弱	经济辅助、补贴、直接投资、采用、过程管理、研究、开发商贡献
设计竞赛价值未发挥	奖励、教育与培训
文创产品认知有误	教育与培训、奖励
博物馆放弃主导权	教育与培训、奖励、伙伴关系
开发意义不明确	教育与培训、奖励
竞赛设计评价标准缺乏	教育与培训、赋能、实践指南、案例研究、审查、批准、认证、奖项、倡议
销售渠道欠妥当	教育与培训、赋能、实践指南、案例研究、审查、非专家评价、批准、认证、奖项、倡议、商业授权、开发体系
文创开发缺乏统筹	教育与培训、赋能、实践指南、案例研究、审查、批准、奖项、倡议、开发体系
特色发展不明显	教育与培训、赋能、实践指南、案例研究、审查、开发许可、竞赛、非专家评价、批准、认证、奖项、运动、倡议、商业授权、开发体系
设计成果难转化	教育与培训、赋能、实践指南、案例研究、审查、批准、奖项、运动、倡议、商业授权、开发体系
开模定制类产品偏少	教育与培训、赋能、实践指南、案例研究、审查、开发许可、竞赛、非专家评价、批准、认证、奖项、运动、倡议、商业授权、开发体系
产品性价比较低	教育与培训、赋能、实践指南、案例研究、审查、开发许可、竞赛、非专家评价、批准、认证、奖项、运动、倡议、商业授权、开发体系
产品同质化	教育与培训、开发许可、批准、审查、实践指南、案例研究、奖项、非专家评价、竞赛、赋能、商业授权、开发体系、品牌差异、特色服务、文化符号、产品细节、产品故事、商品包装
产品开发流程不科学	教育与培训、赋能、实践指南、案例研究、审查、批准、开发体系
品牌标识使用随意	教育与培训、赋能、实践指南、案例研究、审查、开发许可、竞赛、非专家评价、批准、认证、奖项、运动、倡议、商业授权、开发体系
产品品类单调	教育与培训、赋能、实践指南、案例研究、审查、开发许可、竞赛、非专家评价、批准、认证、运动、倡议、商业授权、开发体系
文物素材遴选标准有误	教育与培训、赋能、实践指南、案例研究、审查、开发许可、非专家评价、批准、运动、倡议
设计竞赛评审欠公正	教育与培训、赋能、实践指南、案例研究、审查、非专家评价、运动、倡议
商品化程度不高	教育与培训、赋能、实践指南、案例研究、审查、开发许可、竞赛、非专家评价、批准、奖项、运动、倡议、商业授权、开发体系
产品"叫好不叫座"	教育与培训、赋能、实践指南、案例研究、审查、开发许可、竞赛、非专家评价、批准、认证、奖项、运动、倡议、商业授权、开发体系
产品创意不足	创意评价体系
功能元素强制拼凑	产品设计方法及方法论体系

由表 4-11 可以发现，对多数中观层面的产业问题而言，教育与培训、赋能、实践指南、案例研究、审查、批准等工具基本上都适用，而开发许可、竞

赛、非专家评价、认证、奖项、运动、倡议、商业授权、开发体系等则只适合解决特定的产业问题，这或许意味着后述治理工具是有一定的"适应证"要求的，换言之，相比通用型的工具，这些工具往往具有较强的针对性，或许治理者更应该优先考虑。此外，正如前文提到的，创意度评价标准、文化转译评价体系是目前学界较少研究的内容，也是未来博物馆文创设计治理研究中需要逐步加强的领域之一。

五、番外篇：治理工具在同质化问题中的应用举例

在表 4-8 中，还有大量"中观层面 + 微观层面"的组合，虽然针对这些产业问题的治理工具能在原始的"设计治理"工具包中找到，但这些组合还涉及微观层面，是原始工具包中所没有的，因此，相关的治理工具需进一步补充。本节将再次以"同质化"为例，展示如何补充微观治理工具。在第三节开头部分，笔者将"同质化"定位为"中观层面 + 微观层面"的组合，经过对表 4-8 与表 4-9 的综合分析，已经得出结论：开发许可、批准、审查、实践指南、案例研究、奖项、非专家评价、竞赛、赋能等九种工具可用于解决博物馆文创的"同质化"问题。此外，笔者又扩充了两种"专用工具包"，即商业授权、开发体系，这两种工具也能在"同质化"问题上进行使用。

商业授权能协助博物馆文创突破品类范式约束，也能打破技术、工艺、预算等限制，大大丰富产品种类，有助于产品差异性的形成。

"开发体系"层面涉及中观层面与微观层面的治理者。从产品开发体系看，涉及品牌差异化、特色服务等方面，这属于中观层面；但从产品设计方法看，可从运用独特的文化符号、精心处理产品细节、融入文物背后的故事、商品包装设计这四方面创造出文创产品的"差异性"，这是微观层面。

品牌理论认为，品牌价值是商品的"灵魂"，每家成功的企业都会有一套 CIS（企业识别系统），主要包含 MIS（企业理念识别系统）、BIS（企业行为系

统）、VIS（企业视觉识别系统）三个子系统。对于设计学领域而言，VIS是大家最熟悉的子系统，它确定了企业或品牌的标志及标志在现实场景中应用的方式，但却位于CIS末端的子系统。MIS是企业价值观的体现，是一家企业区别于其他企业的关键所在，确定了品牌价值及其在市场中的定位。同时，企业的价值理念会进一步体现在BIS中，形成管理制度、组织架构、服务标准、营销制度等内容。商品竞争的实质是MIS的竞争，纵然商品容易被竞争对手抄袭形成"同质化"的商品，但品牌理念却无法抄袭，因此，一定程度上保证了产品的差异性。博物馆等文博单位的品牌意识往往不强，对品牌的认识还局限于设计标志、确定标志在具体场景中使用的层面，缺乏"先形成本馆的理念识别系统再演化出行为系统、视觉识别系统、产品设计系统"的观念，这就造成了所开发的文创产品并无明显差异化。由此看来，在中观层面"同质化"问题的治理工具之一是品牌差异化。

特色服务有助于创造良好的购物体验，即便商品类似，也会因良好的体验在消费者的潜意识中形成差异化。在物流发达的今天，如商家可为消费者提供"满额包邮"等特色服务，这既有利于提高营业额，又能为消费者提供方便。"满额包邮"服务不仅能在主观上创造文创产品的差异性，还能在客观上尽可能避免同质化现象的出现。当这项服务被提供后，消费者便无需为携带文创产品回家而发愁，这就意味着便携性不再是决定文创产品是否合宜的标准。在解除便携性限制后，设计师可以不再因为产品体量过大而不得不放弃创意，可以在全品类中为创意寻找合适的落脚点，这不仅能丰富文创产品的品类，也为文创产品的差异化发展提供了保障。因此，特色服务是同质化问题在中观层面的第二个治理工具。

文化符号是文创产品设计中的核心，它并不单纯是文创产品的装饰，而是当地文化特色的指代，是文创产品异于一般产品的地方。在传统手工艺生产阶段，设计具有强烈的地方文化特色，^① 所以各个器物都是"地域文化符号"。地域文化符号可细分为泛地域文化符号、表层地域文化符号、深层地域文化符号。^② 其中，泛地域文化符号是指区域共有的文化符号；表层地域文化符号是区域文化中特征明显的具象符号，易于识别；深层地域文化符号则是指区域文化精神。^③ 故宫博物院代表中国传统文化，对于国外游客而言，其开发的文创产品都是地域特征明显的表层地域文化符号类产品；但对于国内游客而言，部分产品却属泛地域文化符号类。可见，地域文化符号的种类会因群体的不同而发生变化。中华民族曾经历了三次民族大融合，经过长时间的演化，中国传统文化逐渐形成了"文化范式"，如"梅兰竹菊"代表文人气质，"笔墨纸砚"是书写工具等。中国传统价值观决定了"道法自然""就地取材"等传统造物思维，再加上自然材料差异性小、生活需求单一，中国传统中的大量"物"都具有类似的材质、纹理、功能，即设计源的同质化，这在江南一带特别明显，增加了江浙皖等地文创产品开发的难度。例如海宁，对一般游客而言，其建筑特色"白墙灰瓦"与江南地区的其他城镇特色一致；虽然海宁有皮影戏，但河南、山西、陕西、甘肃等地也有；海宁有缸肉，杭州有东坡肉，全国大部分地区都有红烧肉；海宁有硖石灯彩，但上海、广东、江苏等地也有；海宁有很多名人，如金庸、王国维、徐志摩等，但全国其他城市也都有各自的名人……若要为海宁选择特色符号，其实难度不小，能在海宁旅游推广中使用的符号资源非常匮乏。这个问题并非只有海宁一市遇到，东南沿海一带的非旅游城市在发展旅游产业时都遭遇了旅游资源的同质化问题，这是旅游文创产品设计中出现同质化现象的原因之一。文化资源的同质化并非只有旅游管理部门需要面对，博物馆也深受困扰，博物馆的藏品都是当地文化的浓缩，进而造成了藏品及其文创产品的同质化。因此，博物馆、旅游景区在开发文创产品前，需要对当地的文化

---

① 柳冠中. 事理学论纲 [M]. 长沙：中南大学出版社，2005.12.

② 杨从锋. 旅游纪念品地域文化特色的形成之研究 [D]. 无锡：江南大学，2004.

③ 程辉. 对旅游纪念品设计的三点思考 [J]. 设计，2015（19）：88–89.

符号进行筛选，找出能明确代表当地特色文化的符号集合。综上可知，从微观层面看，若要治理同质化问题，文化符号是第一种治理工具。

在"符号物化"阶段，文创产品开发会再次陷入品类范式的泥沼，这也是造成同质化的另一个原因。"品类范式"是指能采用平面制作工艺（如印刷）将符号"贴"到成品表面的实物品类，①如 T 恤衫、手提包、鼠标垫、雨伞等日用品。品类范式是在客观条件下形成的，由于博物馆、旅游景区所销售的文创商品受预算、数量等因素影响，因此决策者倾向于选择能快速生产、小批量定制、工艺简单、造价便宜的品类，加上文创产品作为"长尾商品"有款式多样化的要求②和文创产品"便携性"的限制，③二维类品类就顺理成章地成了文创产品开发的品类范式。若不从商业授权角度去解决的话，则需要设计师通过精心处理产品细节使品类范式下的文创产品呈现出差异性。精心处理文创产品细节的方法很多，最常用的是应用产品语义学理论。该理论是符号学与设计学结合的产物，具有两方面含义：一是"外延语义"，指产品造型语言所传递的使用目的、操作方式、结构、人机尺度等物质功能语义；二是"内涵语义"，指情感、体验，反映心理性、社会性、文化性等象征价值在内的精神功能语义。由上述两方面含义分别演化出产品语义的具体表达方式：功能性语义、示意性语义（外延语义），情感趣味性语义、象征联想性语义（内涵语义）。④设计师可利用内涵语义与外延语义相结合的方式来处理文创产品细节，这是微观层面治理的第二种工具。

故事往往是最能打动人、能让人印象深刻的，如央视《国家宝藏》节目组在遴选藏品时也将文物故事性作为标准之一，而非仅把文物等级作为唯一的遴选标准。叙事设计是源于文学创作的一种设计方法，该方法是指通过设计语

①　高力群，段建坤."吴桥杂技"文化符号在旅游纪念品上的设计研究 [J]. 装饰，2011（10）：80-81.

②　邹玉清. 产品设计传播在江苏大运河城市文创产品设计中的现状与策略 [J]. 中国市场，2016（51）：112-113.

③　沈玉清. 旅游商品经营初探 [J]. 社会科学，1983（4）：70-74.

④　高力群. 产品语义设计 [M]. 北京：机械工业出版社，2010.

言符号的构成形态来叙述"故事"①，也可以理解为对产品所处故事情节的搭建，此处的"故事情节"可指代产品背后的故事。这对文创产品的设计至关重要，文创产品是用现代视角对文化的创意解读所形成的实用产品，文创产品的设计也是对文物故事的挖掘，与一般工业产品追求"物质性"不同的是其注重"故事性"②。即使没有人文故事，也应该尽可能编造出合理的故事，如澳大利亚坎贝尔港国家公园的十二使徒岩最初名为"母猪与小猪"，虽然此处风景优美，但却无人问津。20 世纪 50 年代，当地旅游部门想改变这种情况，营销专家建议将其改名为"十二使徒岩"。然而，这个景点跟耶稣的十二门徒并没有任何关系，而且当时只有九块岩石。但这次改名非常成功，如今它是澳大利亚的著名景点，每年吸引数万游客到访。目前，旅游规划领域出现的"旅游全案策划"的重点便是为景区编写故事，并以故事为基础开发旅游文创产品。若各景区都能形成各自的故事，那么基于故事挖掘的文创产品自然也会呈现出较明显的差异性，这也是微观层面治理的第三种工具。

包装设计是形成产品差异性的第四个手段，这种方式在食品类文创产品的宣传与销售中占有非常重要的地位。如故宫博物院推出的"海错识物"便是在包装设计上做足了文章，它是一款海鲜风味的糕饼，商品本身与普通糕饼并无差异，但设计者对糕饼的包装进行了精心的设计，并为其赋予了教育功能，使这款看似普通的食品呈现出了较强的差异性。

由上述分析可知，笔者针对同质化问题设计了品牌差异、特色服务、文化符号、产品细节、产品故事、商品包装等治理工具，并将它们作为原始"设计治理"工具包与新增工具包的补充（见表 4-11）。

---

① 李江 . 本分·叙事·纯粹——张剑的工业设计理想 [J]. 装饰，2016（12）：52-57.
② 刘晶 . 试论文创产品的感官传播 [J]. 福建论坛（人文社会科学版），2017（10）：82-89.

表 4-11　博物馆文创"同质化"的治理工具

工具名称	治理对象维度	来源
教育与培训	多层面	原始工具包
开发许可	中观层面	原始工具包
批准	中观层面	原始工具包
审查	中观层面	原始工具包
实践指南	中观层面	原始工具包
案例研究	中观层面	原始工具包
奖项	中观层面	原始工具包
非专家评价	中观层面	原始工具包
竞赛	中观层面	原始工具包
赋能	中观层面	原始工具包
商业授权	中观层面	新增工具包
开发体系	中观层面	新增工具包
品牌差异	中观层面	新增工具
特色服务	中观层面	新增工具
文化符号	微观层面	新增工具
产品细节	微观层面	新增工具
产品故事	微观层面	新增工具
商品包装	微观层面	新增工具

第五章　结　语

本书将"设计治理"理解为治理视角下的对策设计，这基本属于政策设计的领域。当前，我国设计学在此方面的专题研究还不多，从治理视角来理解设计的著作更是少见。其实，国内的设计学界早就有这方面的意识，社会创新的研究与实践是一个例证。但似乎设计学与治理之间仍然存在一层屏障，它阻隔了两个领域间的正常交流，在国家加强治理能力现代化建设的时空背景下，这种隔阂亟须被打破，这其实也与设计学作为一种解决问题的方法论工具所具有的社会责任是息息相关的。

当下，博物馆面临转型调整，其中一方面的压力来自国家的文化建设要求，因为博物馆需要发挥民心凝聚、文化传承、社会参与等作用，而这些需要借助博物馆文创这一抓手来实现，但文创产业对博物馆而言，又是新兴概念，如何先治理好博物馆文创产业再为自身所用，考验博物馆界的智慧；另一方面的压力则来自博物馆文创产业本身，产业所面临的问题已阻碍了博物馆自身的高质量发展，如何解决这些问题密切关系国家的文化治理。从这两方面看，对博物馆文创进行治理是势在必行的。

正如前文中所强调的，本书所引荐的"设计治理"是原本应用于英国城市设计领域的理论，由于城市设计与博物馆文创的特征是相异的，再加上两国国情的不同，"设计治理"工具能否被套用在中国博物馆文创上也需要被验证。"设计治理"工具是马修·卡莫纳对 10 多年来 CABE 各类治理工具的总结，而本书仅是引荐与改造，因为"设计治理"工具在博物馆文创中的应用还未被校验，其可行性还需长时间的观察。由此可见，本书的目的并不是针对博物馆文创提出总结性的治理工具，毕竟博物馆文创在我国的发展历史也极其有限，恰恰相反，希望本书能成为博物馆文创设计治理研究的开端，引导相关治理者转变政策设计方式，尝试从治理工具清单中选择工具。当然，客观而言，本书所提及的治理工具（包括对原始设计治理工具的改造）并不是完整的，所提及的这些治理工具也只能解决大部分的产业问题。面对现实问题，笔者建议文创管理者，根据实际情况，对本书提供的治理工具进行改造，甚至颠覆。作为文创行业的从业者，创意创新是全行业所追求的。同样，面对现实问题，我们依然要发挥创造力，形成有创意的解决方案。此外，运用设计治理工具在国内博物馆界开展活动的案例还不足，相关研究仍停留在理论阶段，故笔者也真诚地希望读者们尝试利用本书工具开展治理实践。欢迎读者与笔者交流实践中的困惑，分享成功的案例。

参考文献

安来顺. 二十世纪博物馆的回顾与展望 [J]. 中国博物馆，2001（1）: 5-17.

安来顺. 国际博物馆学基础理论研究中两个核心问题的述评——理论博物馆学读书笔记之一 [J]. 中国博物馆，1992（4）: 10-21.

白藕. 如何提升博物馆文创产品设计定位的精准度 [C]// 中国博物馆协会文创产品专业委员会. 博物馆文创实践与研究. 北京：学苑出版社，2022.

包富华，王志艳，程学宁. 旅游纪念品消费特征及其满意度分析 [J]. 河南科学，2017，35（3）: 494-500.

薄小波. 旅游纪念品"千篇一律"几时休 [N]. 文汇报，2006-05-03（2）.

本刊讯. 全国政协召开双周协商座谈会围绕"推进新时代博物馆事业高质量发展"协商议政 汪洋主持 [J]. 中国政协，2021（11）: 11.

布朗，布坎南，迪桑沃，等. 设计问题（第二辑）[M]. 孙志祥，辛向阳，代福平，译. 北京：清华大学出版社，2016.

蔡军，李洪海. 设计 3.0 的视角——设计管理中的设计知识结构 [J]. 装饰，2016（12）: 88-92.

蔡益群. 社会治理的概念辨析及界定：国家治理、政府治理和社会治理的比较分析 [J]. 社会主义研究，2020（3）: 149-156.

蔡元培. 以美育代宗教说——在北京神州学会演说词（一九一七年四月八日）[J].

中国音乐教育，1991（6）：40-41.

陈俊智，沈致轩 . 消费者对传统文化的创新设计偏好之研究——以文化公仔设计为例 [J]. 艺术学报，2011，（89）：127-150.

陈立旭 . 文化产业社会功能：英国文化研究与法兰克福学派的分野 [J]. 中国文化产业评论，2011，14（2）：141-158.

陈亮，唐珊 . 基于徐州汉文化元素的旅游纪念品创新设计 [J]. 包装工程吗，2016，37（10）：122-125.

陈凌云 . 博物馆文化创意产品开发研究 [D]. 上海：上海大学，2018.

陈凌云 . 博物馆发展文化创意产业研究现状述评 [J]. 上海文化，2018（4）：117-124，127.

陈满儒，王风娟 . 秦腔脸谱色彩意向分析 [J]. 包装工程，2017，38（14）：69-75.

陈瑞 . 国货运动：中国近代经济制度变迁的催化剂 [J]. 上海经济研究，2015（9）：120-127.

陈轩 . 古代文创产品漫谈 [J]. 艺术设计研究，2020（1）：90-94.

陈耀堂 . 中国传统图形如何再生？——也从西方取经，并再理解 "后现代主义" [C]// 杭间 . 岁寒三友：中国传统图形与现代视觉设计 . 济南：山东画报出版社，2005.

陈一新 . "五治" 是推进国家治理现代化的基本方式 [J]. 求是，2020（3）：25-32.

陈原川 . 中国元素设计 [M]. 北京：中国建筑工业出版社，2010.

程辉，邱筱，刘炳建，等 . 国内文创产品设计方法研究综述——基于对《包装工程》所刊发的文创产品设计主题论文的分析 [J]. 包装工程，2022，43（12）：339-347.

程辉，孙煦 . 博物馆文创产业中设计的现状、定位、历史与应有角色 [C]// 中国博物馆协会文创产品专业委员会 . 博物馆文创实践与研究 . 北京：学苑出版社，2022.

程辉 . "文化兴盛" 目标下杭州文博文创产业培育路径研究 [J]. 创意城市学刊，2021（1）：50-61.

程辉 . 博物馆文创产品 "同质化" 问题成因研究 [J]. 艺术与设计（理论），2019，2

（4）：95–97.

程辉. 博物馆文创产业研究的现状、问题与方向 [J]. 包装工程，2019，40（24）：65–71.

程辉. 博物馆文化创意的边界与"文创思维" [N]. 中国文物报，2020–04–14（5）.

程辉. 对旅游纪念品设计的三点思考 [J]. 设计，2015（19）：88–89.

程辉. 杭州市博物馆文创产业发展现状及对策研究 [J]. 创意城市学刊，2020（1）：74–82.

程辉. 基于产品视角的旅游纪念品设计探析 [D]. 杭州：浙江理工大学，2015.

程辉. 基于知网搜索结果的"文创产品"主题文献综述研究 [J]. 设计，2018（15）：80–83.

程辉. 浅析当前国内旅游纪念品行业 [J]. 设计，2013（11）：57–58.

程辉. 商业授权下的博物馆文创设计竞赛赛制优化研究 [J]. 中国博物馆，2020（1）：19–23.

程辉. 社会创新视域下文化创意驱动社会治理研究 [C]// 第六届东方设计论坛暨 2020 东方设计国际学术研讨会论文集. 上海：上海交通大学出版社，2020.

程辉. 文创产品避免"同质化"现象的方法——以海宁为例 [J]. 设计，2018（19）：96–99.

程辉. 以"文创产品"为主题的文献综述研究之一 [J]. 工业设计，2018（2）：29–30.

池永梅. 公共博物馆在欧洲的起源 [D]. 厦门：厦门大学，2018.

崔久成，胡一伟. 类型、创新与山寨——我国电影海报设计类型化及其雷同现象探析 [J]. 装饰，2017（2）：78–79.

邓丽，陈波，张旭伟，等. 凉山彝族服饰文化基因提取及应用 [J]. 包装工程，2018，39（2）：270–275.

丁满，程语，黄晓光，等. 感性工学设计方法研究现状与进展 [J]. 机械设计，2020，37（1）：121–127.

丁熊，杜俊霖．服务设计的基本原则：从以用户为中心到以利益相关者为中心 [J]. 装饰，2020，323（3）：62–65.

杜明星．中国本土化设计 [M]. 济南：山东美术出版社，2022.

杜明星．文化觉醒背景下的中国设计风格萌发 [J]. 艺海，2020（4）：139–141.

段胜峰，蒋金辰，皮永生．比淘宝多一里：设计介入乡村供销模式的实践与研究 [J]. 装饰，2018（4）：28–33.

段勇．再谈博物馆的多元与包容特质 [J]. 中国博物馆，2020（2）：11–14.

方晓风．"东方"的危险与价值 [J]. 新美术，2015，36（4）：9–10.

方晓风．设计介入乡村建设的伦理思考 [J]. 装饰，2018（4）：12–15.

冯冠群．中国风格的当代化设计 [M]. 重庆：重庆出版社，2007.

付婧莞，张书铭，陆明．为儿童服务的艺术博物馆参与式设计——以美国俄克拉何马市艺术博物馆为例 [J]. 装饰，2019（2）：74–77.

傅才武．中国公共文化服务的理论范式与政策逻辑 [J]. 人民论坛，2019（32）：130–135.

高力群，段建坤．"吴桥杂技"文化符号在旅游纪念品上的设计研究 [J]. 装饰，2011（10）：80–81.

高力群．产品语义设计 [M]. 北京：机械工业出版社，2010.

葛畅．文创产品设计过程中的需求分析及转化 [J]. 装饰，2018（2）：142–143.

葛露．北方蒙古族民俗文化产品创新设计研究 [J]. 包装工程，2019，40（6）：46–50.

耿坤．新时代博物馆定义中的新变化、新趋势——"新时代博物馆定义研究"学术研讨会综述 [J]. 中国博物馆，2019（2）：125–128.

龚良．正确理解博物馆文化创意产品开发 [N]. 中国文物报，2017–09–26（5）.

苟秉宸，于辉，李振方，等．半坡彩陶文化基因提取与设计应用研究 [J]. 西北工业大学学报（社会科学版），2011，31（4）：66–69，104.

谷利敏，王时英．"无意识设计"理念在产品设计中的应用 [J]. 包装工程，2018，

39（10）：162–166.

郭声琨. 坚持和完善共建共治共享的社会治理制度 [N]. 人民日报. 2019–11–28（6）.

郭寅曼，季铁. 美国设计与社会创新发展概况综述 [J]. 包装工程，2017，38（12）：17–21.

郭寅曼，季铁. 社会转型与乡村文化建设中的设计参与 [J]. 装饰，2018（4）：39–43.

国家文物局博物馆司博物馆处.”博物馆文化产品”研讨会综述 [N]. 中国文物报，2007–10–26（6）.

韩冬楠，边坤，韦贝贝. 蒙古族图案元素提取与重构 [J]. 包装工程，2019，40（6）：1–7.

韩晗，高洋. 我国文博文创工作"十三五"总结及"十四五"建议——基于全国 71 家文博单位的调研 [J]. 东南文化，2021（6）：164–172，191–192.

韩荣，李文璨. 分型图谱量化法与元代陶瓷类高足杯形制研究 [J]. 装饰，2014（9）：74–76.

韩荣. 唐宋时期执壶艺术比较研究 [J]. 装饰，2008（8）：124–125.

杭间，何洁，靳埭强. 岁寒三友：中国传统图形与现代视觉设计 [M]. 济南：山东画报出版社，2005.

杭间."设计"沉思录 [J]. 装饰，2020，323（3）：10–14.

杭间. 设计"国美之路"之思想脉络 [J]. 新美术，2016，37（11）：11–15.

杭间. 设计道：中国设计的基本问题 [M]. 重庆：重庆大学出版社，2009.

杭间. 设计的民主精神 [J]. 装饰，2010（7）：13–16.

杭间. 系统性的涵义：万物皆"设计"[J]. 装饰，2021，344（12）：12–16.

杭间. 中国设计学的发凡 [J]. 装饰，2018（9）：19–22.

郝卫国，谢明君，牛瑞甲. 社区营造模式下非物质文化遗产的活化研究——以京西古村落为例 [J]. 工业工程设计，2021，3（3）：27–34.

何灿群，李娇，唐晓敏，等. 基于文化特征的无锡个性化旅游产品设计研究 [J]. 包装工程，2016，37（10）：118-121.

何深静，汪坤.广州商住小区业委会发展特征、治理效能及其影响因素 [J]. 热带地理，2015，35（4）：471-480.

贺翠香.法兰克福学派在中国的影响及其意义 [J]. 马克思主义与现实，2012（1）：132-138.

贺雪梅，李颖颖，蒋颖，等.唐代仕女造型因子研究及设计应用 [J]. 包装工程，2016，37（12）：176-179.

侯春燕.新博物馆学理念的创新和倡导——国际博协第23届大会研讨主题管窥 [J]. 中国博物馆，2013（3）：10-13.

侯小伏.全面建成小康社会背景下社会治理创新的路径 [J]. 信访与社会矛盾问题研究，2017（2）：20-32.

胡惠林.当代中国文化治理的历史逻辑与基本特征 [J]. 治理研究，2020，36（1）：43-49.

胡惠林.国家文化治理：发展文化产业的新维度 [J]. 学术月刊，2012，44（5）：28-32.

胡晓涛.基于"无意识设计"中的设计原型积累途径研究 [J]. 包装工程，2012，33（4）：72-75.

黄光辉，孙瑱，高秦艳."澳门元素"在旅游纪念品设计中的应用研究 [J]. 装饰，2011（10）：76-77.

黄慧，李相武.传统银器中的仿生设计 [J]. 包装工程，2011，32（14）：67-70.

黄翘楚，宁迪.文创2.0博物馆冲破"四堵墙" [N]. 中国青年报，2019-08-27（9）.

黄晓，刘珊珊.17世纪中国园林的造园意匠和艺术特征 [J]. 装饰，2020（9）：31-39.

黄治成.中国设计的主体意识与文化自觉 [J]. 美术观察，2013（2）：12-14.

季铁，杨媛媛，赵江洪.地域性非物质文化与本土设计体系 [J]. 湖南大学学报（社会科学版），2009，23（1）：140-144.

季铁.设计扶贫要坚持"在地、在场、在线"——季铁谈设计与扶贫 [J]. 设计，

2020，33（18）：44-49.

季文燕. 基于观众心理需求分析的博物馆文创产品与服务拓展思考——以中国妇女儿童博物馆为例 [J]. 中国博物馆文化产业研究，2015（0）：104-111.

江雨豪，陈永康，何人可. 社会创新设计研究进展可视化分析 [J]. 包装工程，2021，42（24）：222-229.

蒋菡. 博物馆文创产品开发的实践与思考 [C]// 江苏省博物馆学会. 江苏博物馆群体内部的交流与合作. 南京：文物出版社，2015.

琚胜利，陶卓民. 国内外旅游纪念品研究进展 [J]. 南京师大学报（自然科学版），2015，38（1）：137-146.

康璇. 文化治理视域下的公共文化服务体系建设 [J]. 现代商贸工业，2020，41（28）：24-28.

孔翠婷，潘沪生，张烈. 具身认知视角下的博物馆体感交互设计研究 [J]. 装饰，2020，323（3）：90-93.

蓝丽春，邱重铭，王俊杰. 文化政策下的台湾文化产业嬗变 [J]. 嘉南学报，2009，（35）：437-451.

李博雅. 多元与包容——"和""同"语境下的博物馆与社区、社群关系审视 [J]. 中国博物馆，2020（2）：22-26.

李佳. 区域协同创新能力与文化创意产业生态系统演进关系研究 [D]. 杭州：中国美术学院，2018.

李江. 本分·叙事·纯粹——张剑的工业设计理想 [J]. 装饰，2016（12）：52-57.

李良. 拉丁美洲工艺品 [J]. 美术，1963（4）：40-69.

李林娜. 博物馆文化产业发展的意义与原则 [J]. 中国博物馆，2003（3）：5-10.

李砚祖. 韩非子工艺思想评述 [J]. 南京艺术学院学报（美术与设计版），1986（3）：19-27.

李寅飞. 两岸故宫博物院文化创意产业发展比较研究 [J]. 兰台世界，2015（1）：

133–134.

李宇宏，刘翠翠．从"政府权力制约"到"伙伴关系模式"：英国城市社区可持续更新的实施策略发展研究 [J]. 装饰，2021，343（11）：12–19.

李云，谢洪明．山寨手机产业与工业设计：基于生产组织的讨论 [J]. 装饰，2019（2）：78–81.

梁存收，罗仕鉴，房聪．群智创新驱动的信息产品设计 8D 模型研究 [J]. 艺术设计研究，2021（6）：24–27.

廖飞，许卓雅．"舌尖上的文物"，打造博物馆美食新风尚——以"国博美馔"为例 [C]// 中国博物馆协会文创产品专业委员会．博物馆文创实践与研究．北京：学苑出版社，2022.

廖胜华．文化治理分析的政策视角 [J]. 学术研究，2015（5）：39–43.

林雅萍．金士先营销"台北故宫博物院"[J]. 华人世界，2009（12）：58–61.

凌霓，张姮．互联网 + 时代创意农业产品的包装设计研究 [J]. 包装工程，2018，39（10）：57–63.

刘涤宇．中国古代赏鉴活动的空间性——以四卷香山九老雅集题材画作为例 [J]. 装饰，2018（8）：49–53.

刘栋．博物馆文创产品开发经营体制机制问题研究 [J]. 中国博物馆，2020（3）：57–62.

刘辉，朱晓云，李峰，等．"文旅融合下博物馆文创的探索与实践"学人笔谈 [J]. 东南文化，2021（6）：135–149，190–192.

刘慧薇，朱娜．家族相似性的原型理论在产品设计中的应用 [J]. 机械设计，2013，30（5）：127–128.

刘吉昆．设计管理及其提出的背景与价值 [J]. 装饰，2014（4）：12–14.

刘晶．试论文创产品的感官传播 [J]. 福建论坛（人文社会科学版），2017（10）：82–89.

刘容.抱团、跨界与融合：博物馆文创联盟的当下与未来 [J]. 东南文化，2021（6）：157–163.

刘寿吉，戴伟辉，周缨.创意产业的生态群落模式及专业性公共服务平台研究 [J]. 科技进步与对策，2009，26（17）：49–53.

刘新.中国设计与"中国风格" [J]. 装饰，2007，176（12）：38–40.

刘子建，徐倩倩.基于打散重构原理的文化创意产品设计方法 [J]. 包装工程，2017，38（20）：156–162.

柳冠中.事理学方法论 [M]. 上海：上海人民美术出版社，2019.

柳冠中.设计是协调者要兼顾各方利益 [J]. 设计，2019，32（2）：67–68.

柳冠中.事理学论纲 [M]. 长沙：中南大学出版社，2005.

娄冰.博物馆文化创意产品开发的理论依据研究 [J]. 中国博物馆，2020（1）：8–12.

娄明，张凌浩，邵健伟.设计民主化背景下合作设计方法的使用与辨析 [J]. 装饰，2021（12）：89–93.

娄永琪.一个针灸式的可持续设计方略：崇明仙桥可持续社区战略设计 [J]. 创意与设计，2010（4）：33–38.

卢世主.从图案研究到设计艺术学科的建构——张道一先生的设计思想发展略论 [J]. 文艺争鸣，2010（22）：11–13.

卢维佳，何人可，肖狄虎.基于岳麓书院文化的创意产品设计 [J]. 包装工程，2015，36（24）：105–109，114.

陆建松.博物馆运营应以使命为导向 [J]. 中国博物馆，2020（2）：51–58.

罗秋曼，贺孝梅.基于产品服务系统的博物馆文创可持续性研究 [J]. 包装工程，2019，40（8）：299–304.

罗仕鉴，边泽，张宇飞，等.基于形态匹配的产品仿生设计融合 [J]. 计算机集成制造系统，2020，26（10）：2633–2641.

罗仕鉴，董烨楠.面向创意设计的器物知识分类研究 [J]. 浙江大学学报（工学版），

2017，51（1）：113–123.

罗仕鉴，房聪，单萍．群智创新时代的四维智能创意设计体系 [J]．设计艺术研究，2021，11（1）：1–5，14.

罗仕鉴，潘云鹤．产品设计中的感性意象理论、技术与应用研究进展 [J]．机械工程学报，2007（3）：8–13.

罗仕鉴，朱上上．工业设计中基于本体的产品族设计 DNA[J]．计算机集成制造系统，2009，15（2）：226–233.

罗仕鉴，邹文茵．服务设计研究现状与进展 [J]．包装工程，2018，39（24）：43–53.

罗仕鉴．群智创新：人工智能 2.0 时代的新兴创新范式 [J]．包装工程，2020，41（6）：50–56，66.

马谨．延伸中的设计与"含义制造" [J]．装饰，2013（12）：122–124.

马丽霞，朱新红，杨洁明．基于层次分析法的南疆旅游纪念品价值评价 [J]．资源开发与市场，2014，30（5）：621–624.

马林诺夫斯基．文化论 [M]．北京：华夏出版社，2002.

莫里斯．当代博物馆的领导：理论与实践 [M]．沈嫣，译．上海：复旦大学出版社，2022.

曼奇尼．设计，在人人设计的时代：社会创新设计导论 [M]．钟芳，马谨，译．北京：电子工业出版社，2016.

曼奇尼．创造协作城市：社会创新和城市建设设计 [J]．装饰，2018（5）：12–14.

孟晖．明代文人生活中的日韩点缀 [J]．装饰，2020（9）：48–52.

倪娜．儿童节目衍生品在发展电视产业中的意义 [J]．中国电视，1999（12）：37–38.

聂洪涛，李宁．保护与创作：博物馆文创产品著作权法律问题分析 [J]．中国博物馆，2020（1）：13–18.

潘云鹤．文化构成 [M]．北京：高等教育出版社，2011.

裴雪，巩淼森．欧洲社会创新设计探究的动态和趋势 [J]．包装工程，2017，38（12）：22–26.

彭凌燕.地方高校设计教学与博物馆项目合作的新路径——以酉阳县博物馆创意产品设计为例 [J]. 装饰，2019（5）：126–127.

祁飞鹤，肖狄虎，李辉，等.基于情境系统的湖湘文创产品设计评价研究 [J]. 包装工程，2018，39（6）：119–126.

祁述裕.国家文化治理建设的三大核心任务 [J]. 探索与争鸣，2014（5）：7–9.

邱永生，卢小慧.博物馆新文创的探索与实践 [C]// 中国博物馆协会文创产品专业委员会.博物馆文创实践与研究.北京：学苑出版社，2022.

全面建设小康社会，开创中国特色社会主义事业新局面（二）[N].人民日报，2002–11–18（4）.

沈康，匡敏.果园城记：深圳南头古城春景街果园之设计介入实验 [J]. 装饰，2019，320（12）：100–103.

沈克宁.设计方法论并非设计方法 [J]. 华中建筑，1996（2）：44–46.

沈玉清.旅游商品经营初探 [J]. 社会科学，1983（4）：70–74.

石美玉.中国旅游购物研究 [D]. 北京：中国社会科学院院，2003.

时璇.视觉：中国近现代平面设计发展研究 [M]. 北京：文化艺术出版社，2012.

史小冬.共同生产与城市生活实验室：社会创新的框架与方法 [J]. 装饰，2019，320（12）：88–91.

史勇.民国知识界视域中的博物馆社会教育功能（上）[J]. 中国博物馆，2018（3）：59–63.

苏晨，孙小童，周福莹，等.基于有限元理论逆向分析区域文化产品设计 [J]. 包装工程，2019，40（12）：189–194.

苏东海.中国博物馆学研究综述 [J]. 中国博物馆，1993（4）：27–31.

苏洪恩.以城市策展为触媒的历史城区更新活化方法：以北京大栅栏和深圳南头古城为例 [J]. 装饰，2018（4）：132–133.

苏建宁，任芳冉，师容，等.基于用户偏好评价的龟形蛇纹寿文化产品设计研究

[J]. 包装工程，2019，40（24）：33-38，64.

苏明如 . 文创与城市：论台湾文化创意产业与城市文创观光 [M]. 台北：五南图书出版股份有限公司，2016.

孙东阳 . TRIZ 理论在旅游纪念品设计中的应用 [J]. 包装工程，2017，38（12）：248-252.

唐燕 . 精细化治理时代的城市设计运作——基于二元思辨 [J]. 城市规划，2020，44（2）：20-26.

田艳萍 . 论文化创意产品开发在博物馆事业高质量发展中的作用 [C]// 中国博物馆协会文创产品专业委员会 . 博物馆文创实践与研究 . 北京：学苑出版社，2022.

屠曙光 . 设计的叙事——论后现代设计中的非物质设计 [J]. 新美术，2008（5）：98-101.

王成晏 . 免费开放，让天津博物馆有点"尴尬"？[J]. 艺术市场，2009（11）：88-89.

王航 . 文化产业促进法视角下博物馆行业文化产业发展述论 [C]// 中国博物馆协会文创产品专业委员会 . 博物馆文创实践与研究 . 北京：学苑出版社，2022.

王鸿祥，洪瑞璘 . 文创商品的隐喻设计模式 [J]. 设计学报，2011，16（4）：35-55.

王京民 . 博物馆文创开发存在的问题及对策 [C]// 中国博物馆协会文创产品专业委员会 . 博物馆文创实践与研究 . 北京：学苑出版社，2022.

王娟丽，熊伟 . 基于 QFD 的产品创新设计方案评价模型研究 [J]. 科技管理研究，2014，34（10）：53-57.

王磊，马龙江，彭巍，等 . 群智创新社区用户创新能力分析 [J]. 科技进步与对策，2018，35（18）：42-47.

王磊，王青芸 . 社会治理视域下的整合社会服务：逻辑、趋势与路径 [J]. 社会建设，2020，7（4）：56-67.

王恋 . 从关系中探寻博物馆文创开发的角色定位 [C]// 中国博物馆协会文创产品专业委员会 . 博物馆文创实践与研究 . 北京：学苑出版社，2022.

王南希，王蓝.促进社区培育的参与式可食性景观——以台北田园城市为例 [J].装饰，2020（8）：96–99.

王受之.工业设计学科演化的轨迹与可能的方向 [J].装饰，2020，323（3）：15–22.

王涛.巧器——中国古代的文创产品 [J].中国博物馆文化产业研究，2015（0）：289–292.

王伟伟，刘允之，杨晓燕，等.用户行为与情境导向下的文创产品设计研究 [J].包装工程，2019，40（24）：27–32.

王伟伟，彭晓红，杨晓燕.形状文法在传统纹样演化设计中的应用研究 [J].包装工程，2017，38（6）：57–61.

王伟伟，王艺茹，胡宇坤，等.孔子问答镜的文化特征提取与设计应用研究 [J].包装工程，2016，37（14）：126–130.

王伟伟，杨延璞，杨晓燕，等.基于形状文法的产品形态创新设计研究与实践 [J].图学学报，2014，35（1）：68–73.

王向丽.创意产业生态系统演化的影响因素分析 [D].天津：天津理工大学，2013.

王小茉，张琪.迈向公共性：疫病、社会与设计应对 [J].装饰，2020（2）：12–15.

王秀伟.文化创意产业视域下的博物馆文化授权研究 [D].合肥：中国科学技术大学，2016.

王亚丽，袁恩培，刘富升.唐代神兽钮铜镜的设计特征探析 [J].包装工程，2017，38（20）：245–249.

王杨.从脱轨到耦合：公共文化服务供给的价值诉求 [J].求实，2019（6）：54–66，109.

王月磊.从文化多元性的角度探讨中国传统家具的传承与发展 [J].包装工程，2011，32（2）：127–130.

魏秀玲.我国动漫行业走向产业化势在必行 [J].中国科技信息，2006（9）：313–314.

乌云.新疆民族服饰图案基元的数字化构建与设计运用 [J].装饰，2017（2）：85–87.

吴理财.把治理引入公共文化服务 [J].探索与争鸣，2012（6）：51–54.

吴声 . 超级 IP：互联网新物种方法论 [M]. 北京：中信出版社，2016.

吴霞，卢松，张业臣 . 国内外旅游纪念品研究进展 [J]. 云南地理环境研究，2015，27（3）：25–32.

吴翔 . 产品系统设计：产品设计（2）[M]. 北京：中国轻工业出版社，2000.

吴晓波 . 乘风破浪的新国货 [J]. 企业研究，2021（4）：58.

吴信华 . 博物馆文创要注意的陷阱 [J]. 中国博物馆文化产业研究，2015：362–365.

伍琴，吕健，潘伟杰，等 . 基于案例的文化创意产品设计方法研究 [J]. 工程设计学报，2017，24（2）：121–133.

解亮 . 文创产品中图形设计探究 [J]. 学园，2017（16）：136–137.

奚洁人 . 科学发展观百科辞典 [M]. 上海：上海辞书出版社，2007.

夏南，刘新，钟芳 . 设计的新语境：分布式经济的可持续性研究 [J]. 装饰，2018（12）：102–105.

夏燕靖，李华强 . 回到历史语境中真切认识陈之佛先生的艺术设计之路 [J]. 美育学刊，2019，10（3）：69–81.

向帆，谭亮 . 情感热潮下的冷思考：《情感化设计》评述 [J]. 装饰，2019（4）：78–80.

向勇 . 文化产业导论 [M]. 北京：北京大学出版社，2015.

肖华亮，林丽，闫龙华，等 . 基于设计符号学的苗族银饰解析与演化的旅游纪念品设计 [J]. 包装工程，2018，39（14）：221–226.

谢秋山，陈世香 . 我国文化政策的演变与前瞻 [J]. 中南大学学报（社会科学版），2014，20（4）：197–202.

谢新松 . 多元化社会的文化治理模式研究 [J]. 云南社会科学，2013（3）：138–141.

谢雨婷 . 试论公共文化服务视域下的博物馆学研究 [J]. 中国博物馆，2021（2）：8–13，125.

辛向阳，曹建中 . 定位服务设计 [J]. 包装工程，2018，39（18）：43–49.

辛向阳，王晰 . 服务设计中的共同创造和服务体验的不确定性 [J]. 装饰，2018（4）：

74–76.

熊嬛．近代中国设计的制度肇因——从晚清民初的赛会与国货运动谈起 [J]．南京艺术学院学报（美术与设计版），2013（04）：51–56，171–172.

徐聪．社会设计理论视角下社区治理思路创新及原则遵循 [J]．重庆社会科学，2020（7）：110–120.

徐刚．论设计管理的理论内涵及其程序结构 [J]．经济经纬，2007（4）：96–98.

徐玲．中国博物馆学学科发展的回顾与反思 [J]．东南文化，2014（5）：101–109.

徐明星，田颖，李霁月．图说区块链 [M] 北京：中信出版社，2017.

许越，杨欣．博物馆教育服务文化创意的探索与实践——以南京博物院为例 [C]/中国博物馆协会文创产品专业委员会．博物馆文创实践与研究．北京：学苑出版社，2022.

许占民，李阳．花意文化产品设计因子提取模型与应用研究 [J]．图学学报，2017，38（1）：45–51.

薛红艳，黄念一．中国现代工业设计及教育史发展进程研究 [J]．民族艺术研究，2020，33（1）：143–151.

闫洁．旅游纪念品何时不再千篇一律 [N]．中国科学报，2014-10-10（3）.

严建强．从秘藏到共享：致力于构建平等关系的博物馆 [J]．中国博物馆，2020（2）：3–10.

颜桂堤．近三十年中国"文化研究"：开放的话语场域与中国经验 [J]．文学与文化，2019（4）：101–110.

杨从锋．旅游纪念品地域文化特色的形成之研究 [D]．无锡：江南大学，2004.

杨静．基于 QFD 与 TRIZ 的陕西唐文化旅游纪念品创新设计 [J]．包装工程，2017，38（14）：203–207.

杨开峰，邢小宇，刘卿斐，等．我国治理研究的反思（2007—2018）：概念、理论与方法 [J]．行政论坛，2021，28（1）：119–128，2.

杨柳．基于粗糙集理论的博物院文创产品开发导向研究 [J]．包装工程，2020，41

（20）：8–13.

杨天赐. 关于旅游商品的生产和销售 [J]. 江西财经学院学报，1983（3）：81–83.

杨晓燕，李雪芹，彭晓红. 诗经文化元素视觉化提取与衍生设计 [J]. 包装工程，2018，39（4）：76–81.

杨晓燕，刘帅，王伟伟. 地域文化图形扁平化风格的应用 [J]. 包装工程，2015，36（20）：26–29.

杨晓燕，刘肖. 春节文化主题元素提取与衍生设计 [J]. 包装工程，2019，40（4）：93–98.

杨勇. 旅游纪念品市场同质化与信誉机制的构建 [J]. 开发研究，2006（4）：83–86.

姚江，封冰. 从青铜爵的造型文脉到现代酒具设计 [J]. 包装工程，2013，34（14）：65–67，91.

叶超，于洁，张清源，等. 从治理到城乡治理：国际前沿、发展态势与中国路径 [J]. 地理科学进展，2021，40（1）：15–27.

叶俊之. 我国博物馆文化产业开发问题 [J]. 中国博物馆，2003（4）：39–42.

易军，汪默，肖狄虎. 地域文化事物原型的设计解析 [J]. 包装工程，2016，37（22）：119–123.

易军. 长沙窑事物原型获取与数字化表征 [D]. 长沙：湖南大学，2014.

尹凯. 关系主义博物馆学：缘起、立场与困境 [J]. 中国博物馆，2020（2）：59–66.

应艳，陈炬. 天一阁之符号意象与文创产品设计研究 [J]. 包装工程，2018，39（6）：127–132.

俞可平. 国家治理的中国特色和普遍趋势 [J]. 公共管理评论，2019，1（3）：25–32.

俞可平. 社会自治与社会治理现代化 [J]. 社会政策研究，2016（1）：73–76.

俞可平. 中国的治理改革（1978—2018）[J]. 武汉大学学报（哲学社会科学版），2018，71（3）：48–59.

俞伟超，苏东海，马承源，等. 世纪之交的思考：考古·文物·博物馆 [J]. 东南文化，2000（1）：6-18.

詹秦川，王宁鑫，李子阳，等.基于立春节气的文创茶具设计与方法研究 [J]. 包装工程，2019，40（8）：176-181.

詹秦川，朱亚楠.陕西社火脸谱传统造型因子提取与设计应用 [J]. 包装工程，2018，39（20）：1-7.

张爱红，郭梓锋.现代化视阈下中国文化产业的变迁及其动力分析 [J]. 当代世界社会主义问题，2021（4）：75-90.

张超，宛枫，张凤玲，等.品牌百年 恰是风华正茂 [J]. 中国品牌，2021（7）：32-43.

张道一.敦煌莫高窟的装饰艺术 [J]. 南京艺术学院学报（美术与设计版），1979（2）：49-54.

张朵朵，季铁.协同设计"触动"传统社区复兴——以"新通道·花瑶花"项目的非遗研究与创新实践为例 [J]. 装饰，2016（12）：26-29.

张飞燕.博物馆文创事业与博物馆"非营利"性质之辨 [C]// 中国博物馆协会文创产品专业委员会.博物馆文创实践与研究.北京：学苑出版社，2022.

张锋.中国社会治理：语境、演进、特征和展望 [J]. 中共中央党校（国家行政学院）学报，2020，24（6）：71-78.

张磊.话语与场域：近代中国工艺美术的现代性阐释 [J]. 装饰，2019（1）：77-79.

张力丽，赵淑华.基于原型理论的博物馆文创产品设计研究 [J]. 四川戏剧，2017（7）：173-176.

张立群.设计管理的方法体系 [J]. 装饰，2014（4）：15-20.

张明，周志.现实中的理想主义实践：周子书与地瓜社区 [J]. 装饰，2018（5）：46-51.

张黔.设计方法论的构成谱系 [J]. 设计艺术研究，2017，7（2）：41-46，57.

张翼.老国货成为新"国潮" [N]. 光明日报，2019-06-27（15）.

张宗登，刘家维，张红颖.楚国漆豆的形制与礼仪特征 [J]. 包装工程，2018，39（8）：23-27.

赵得成，沙颖.古器物的地域意象提取与产品地域性创新设计研究 [J].包装工程，2017，38（2）：131–135.

赵海英，贾耕云，陈洪.面向文化计算的服饰图案元数据构建 [J].纺织科技进展，2016（2）：31–34.

赵海英，贾耕云，潘志庚.文化计算方法与应用综述 [J].计算机系统应用，2016，25（6）：1–8.

赵浩，高菊兰.不弃本质：彝族图案创新与传承方法研究 [J].装饰，2018（9）：130–131.

赵敏婷，王宁.秦绣石榴纹样视觉元素提取与设计再生 [J].包装工程，2018，39（20）：8–14.

甄朔南.什么是新博物馆学 [J].中国博物馆，2001（1）：25–28，32.

郑巨欣.为生态正义而管理设计 [J].装饰，2014（8）：58–61.

郑钧蔚.社会治理理论的基本内涵及主要内容 [J].才智，2015（5）：262.

郑欣淼.故宫学纲要 [J].故宫博物院院刊，2010（6）：6–13，156.

郑旭东.从博物馆教育到场馆学习的演进：历史与逻辑 [J].现代教育技术，2015，25（2）：5–11.

郑中允子.博物馆文创与博物馆本体之间的关系——从中国国家博物馆文创实践出发 [J].美术观察，2021（2）：14–15.

支锦亦，沈千惠，卜柳茹，等.城市公共交通形象中地域文化的设计再现与感知体验 [J].包装工程，2019，40（24）：18–26.

中共中央关于全面深化改革若干重大问题的决定 [N].人民日报，2013–11–16（1）.

钟芳，曼奇尼.社会系统观下的社会创新设计 [J].装饰，2021（12）：40–46.

钟芳，刘新.为人民、与人民、由人民的设计：社会创新设计的路径、挑战与机遇 [J].装饰，2018（5）：40–45.

钟婷，施雯，等.文化创意产业 20 年 [M].上海：上海科学技术文献出版社，2018.

钟鑫淼．浅析国内博物馆文创食品研发 [C]// 中国博物馆协会文创产品专业委员会．博物馆文创实践与研究．北京：学苑出版社，2022.

周博．维克多·帕帕奈克论设计伦理与设计的责任 [J]．设计艺术研究，2011（2）：108-114，125.

周莉莉．TRIZ 理论在旅游纪念品设计中的优化应用研究 [J]．工业设计，2016（7）：98-99.

周勇，张玉萍．青铜器具的文化语义与再生设计研究 [J]．包装工程，2009，30（1）：147-150，157.

朱珊．创意经济与英国伯明翰文化学派——写在伯明翰学派解散十周年之际 [J]．江苏社会科学，2013（3）：109-112.

朱上上，孔秀丽，刘肖健．面向畲族地区的创新发展模式设计 [J]．包装工程，2019，40（8）：111-117.

朱上上，罗仕鉴．产品设计中基于设计符号学的文物元素再造 [J]．浙江大学学报（工学版），2013，47（11）：2065-2072.

朱晓东．试论托管制博物馆联盟——以杭州地区为例 [J]．杭州文博，2006（1）：1-3.

朱永明．视觉传达设计中的图形、符号与语言 [J]．南京艺术学院学报（美术与设计版），2004（1）：58-62.

诸迪，祝帅．中国设计的社会责任与主体意识——诸迪访谈 [J]．美术观察，2013（2）：5-7.

诸葛铠．从折衷模式看中国传统图形的历史性变迁 [C] // 岁寒三友：中国传统图形与现代视觉设计．济南：山东画报出版社，2005.

诸葛铠．艺术设计教育：西化不忘师古 [J]．设计艺术，2002（1）：10-11.

祝贺，唐燕，张璐．北京城市更新中的城市设计治理工具创新 [J]．规划师，2021，37（8）：32-37.

祝贺，唐燕．评《设计治理：CABE 的实验》[J]．城市与区域规划研究，2018,10（3）：

247–249.

祝帅，张萌秋．设计政策研究在中国———一项基于文本分析的学术史回顾 [J]. 工业工程设计，2021，3（1）：1–10.

祝帅．要"中国味"，更要"中国品位" [J]. 美术观察，2021（2）：16–17.

宗祖盼．缘起、发生与变迁：西方文化产业观念的再考察 [J]. 贵州师范大学学报（社会科学版），2020（5）：110–119.

邹其昌．理解设计治理：概念、体系与战略——设计治理理论基本问题研究系列 [C]// 第五届中国设计理论暨第五届全国"中国工匠"培育高端论坛论文集 . 上海：同济大学设计创意学院，2021.

邹其昌．"设计治理"：概念、体系与战略——"社会设计学"基本问题研究论纲 [J]. 文化艺术研究，2021，14（5）：53–62，113.

邹玉清．产品设计传播在江苏大运河城市文创产品设计中的现状与策略 [J]. 中国市场，2016（51）：112–113.

邹玉清．大运河江苏小城市文创产品设计研究 [J]. 教育教学论坛，2017（23）：84–85.

Bilton C. Disorganised creativity: The challenge for British cultural policy for the creative industries [J]. Boekmancahier，2000（45）:17–39.

Brown T, Wyatt J. Design thinking for social innovation [J]. Stanford Social Innovation Review，2010，8（1）：31.

Buchanan R. Wicked problems in design thinking [J]. Design Issues，1992，8（2）：5–21.

Carmona M, Magalhães C D, Natarajan L. Design Governance: The CABE Experiment [M]. London: Routledge，2017.

Chai K, Xiao X. Understanding design research: A bibliometric analysis of Design Studies (1996–2010) [J]. Design studies，2012，33（1）：24–43.

Chang T-Y, Chen K-H, Hunag K-L. Developing cultural products to promote local culture: A marketing design for the former Tainan State Magistrate Residence [C]. Hong Kong: Hong

Kong DesignEd Asia Conference，2011.

Chang W-C, Wu T-Y. The development of a scale for the assessment of consumer pleasure evoked by product appearance [J]. Psychological Testing，2009，56（2）：207–233.

Chen D, Cheng L, Hummels C, et al. Social design: An introduction [J]. International Journal of Design，2016，10（1）：1–5.

Cho R, Liu J, Ho M. What are the concerns?: Looking back on 15 years of research in cultural and creative industries [J]. International Journal of Cultural Policy，2018，24（1）：25–44.

Cooper R. Design research: Its 50-year transformation [J]. Design Studies，2019，65（C）：6–17.

Crilly N, Moultrie J, Clarkson P J. Seeing things: Consumer response to the visual domain in product design [J]. Design Studies，2004，25（6），547–577.

Cross N. Forty years of design research [J]. Design Studies，2007，28（1）：1–4.

Damon T. Spray-On Socks: Ethics, agency, and the design of product-service systems [J]. Design Issues，2013，29（3）：52–63.

Dilnot C. The gift [J]. Design Issues，1993，9（2），51–63.

Ezio M, Carlo V. Product service systems and sustainability: Opportunities for sustainable solutions [R]. Paris: United Nations Environment Programme，2002.

Ezio M. Making things happen: Social innovation and design [J]. Design Issues，2014，30（1）：57–66.

Ghose R. Design, development, culture, and cultural legacies in Asia [J]. Design Issues，1989，6（1），31–48.

Hani U, Azzadina I, Sianipar C P M, et al. Preserving cultural heritage through creative industry: A lesson from Saung Angklung Udjo [J]. Procedia Economics and Finance，2012，4：193–200.

Hirano T. The development of modern Japanese design: A personal account [J]. Design

Issues, 1991, 7（2）: 54–62.

Howkins J. Creative Ecologies : Where Thinking Is a Proper Job [M]. London: Routledge, 2017.

Hsiao K-A, Chen P-Y. Cognition and shape features of pleasure images [J]. Journal of Design, 2010, 15（2）: 1–17.

Jesper L J. Designing for profound experiences [J]. Design Issues, 2014, 30（3）: 39–52.

Jordan P W. Human factors for pleasure in product use [J]. Applied Ergonomics, 1998, 29（1）: 25–33.

Kleinsmann M, Valkenburg R, Sluijs J. Capturing the value of design thinking in different innovation practices [J]. International Journal of Design, 2017, 11（2）: 25–40.

Koskinen I, Hush G. Utopian, molecular and sociological social design [J]. International Journal of Design, 2016, 10（1）, 65–71.

Leong D, Clark H. Culture-based knowledge towards new design thinking and practice: A dialogue [J]. Design Issues, 2003, 19（3）: 48–58.

Lin R-T. Transforming Taiwan aboriginal cultural features into modern product design: A case study of a cross-cultural product design model [J]. International Journal of Design, 2007, 1（2）: 45–53.

Lloyd P. From design methods to future-focused thinking: 50 years of design research [J]. Design Studies, 2017, 48（C）: A1–A8.

Marc S. Co-design as a process of joint inquiry and imagination [J]. Design Issues, 2013, 29（2）: 16–28.

Mattelmäki T, Vaajakallio K, Koskinen L. What happened to empathic design? [J]. Design Issues. 2014, 30（1）: 67–77.

Moles A A, Jacobus D W. Design and immateriality: What of it in a post-industrial Society? [J]. Design Issues, 1988, 4（1/2）: 25–32.

Norris L, Tisdale R. Why Creativity Matters in Museum Work [M]. New York: Routledge，2014.

O'Neill M, Hooper G. Connecting Museums [M]. London: Routledge，2019.

Owen C L. Design Research: Building the Knowledge Base [J]. Design Studies, 1998，19（1）：10–20.

Papanek V. The future isn't what it used to be [J]. Design Issues，1988，5（1）：4–17.

Tsui C. The evolution of the concept of "Design" in PRC Chinese academic discourse: A case of fashion design [J]. Journal of Design History，2016, 29（4）：405–426.

Usherwood B. The design museum: Form follows funding [J]. Design Issues. 1991，7（2）：76–87.

Wang W, Bryan-Kinns N, Ji T. Using community engagement to drive co–creation in rural China [J]. International Journal of Design. 2016，10（1）：37–52.

Wang Y. Involving cultural sensitivity in the design process: A design toolkit for chinese cultural products [J]. The International Journal of Art & Design Education，2020，39（3）：565–584.

Wu T-Y, Chang W-C. Product with bionic features for conveying consumer pleasure using kitchen appliances as an example [J]. Bulletin of Japanese Society for the Science of Design. 2010，57（1）：37–44.

Wu T-Y, Chang W-C. Development of a product with pleasure: Modeling the bionic design approach [J]. Bulletin of Japanese Society for the Science of Design，2009，56（2）：43–52.

Wu T-Y, Hsu Y, Lee G A. The effect of product appearances on consumer emotions and behaviors: a perspective of involvement [J]. Journal of Industrial and Production Engineering. 2015，32（8）：486–499.

致　谢

本书的顺利出版，首先要感谢我所在的浙江财经大学东方学院的大力支持，借此机会，感谢学院各级领导与同事在我读博期间提供的支持与帮助。本书主体内容是在宁波诺丁汉大学钟楼的博士生教室完成的，感谢宁波诺丁汉大学、浙江大学宁波科创中心（宁波校区）管委会及国际合作设计分院为我的学习与写作提供支持，更感谢导师们的悉心指导。感谢民盟各级委员会及相关领导在我开展文博文创调研时提供的各项便利及学习机会。感谢李洋等"传统器物理论研究与文创产品研发"科研创新团队成员在书稿写作、优化上的建议。感谢浙江大学出版社编辑宁檬老师在资源统筹协调、书稿编辑等出版流程上的帮助。

在本书撰写期间，我还获得了浙江省高校重大人文社科攻关计划项目（2021QN041）、浙江财经大学东方学院院级重点课题（2020DFY003）、浙江财经大学东方学院院级海宁地方专项课题（2022DFYHN006）、海宁市哲学社会科学青年人才定向课题等项目的立项，参与了浙江省哲学社会科学规划新兴（交叉）学科重点支持重大项目（21XXJC01ZD），这些项目对本书的出版提供了直接或间接的经费支持，在此一并向各资助方表达感谢。

最后，感谢家人的支持，正因为有了家人这份无私的爱以及包容，才使我能全身心投入学习与写作中。